Diwan

Sylvia Plath
Das Wunschkästchen
Erzählungen

Aus dem Englischen von
Julia Bachstein
und Susanne Levin

Frankfurter
Verlagsanstalt

Originaltitel der bei Faber and Faber in London erschienenen Ausgabe:
Johnny Panic and the Bible of Dreams and other prose writings.
With an Introduction by Ted Hughes.

Titel der deutschen Erstausgaben:
Die Bibel der Träume
Frankfurter Verlagsanstalt 1987
Zungen aus Stein
Frankfurter Verlagsanstalt 1989

Erste Auflage dieser Ausgabe 1992

Satz: Photosatz Reinhard Amann, Aichstetten
Druck & Einband: Clausen & Bosse, Leck
Printed in Germany
ISBN 3-627-70004-X

INHALTSVERZEICHNIS

DER TAG,
AN DEM MR. PRESCOTT STARB

Der Tag, an dem der alte Mr. Prescott starb, war strahlend schön und heiß. Mama und ich saßen auf der Seitenbank des klapprigen grünen Busses auf der Fahrt von der U-Bahn-Station nach Devonshire Terrace und wurden durch- und durchgerüttelt. Ich spürte, wie mir der Schweiß den Rücken hinunterlief und mein schwarzes Leinenkleid fest an den Sitz klebte. Immer wenn ich mich bewegte, löste es sich mit einem schmatzenden Geräusch, als würde es reißen, und ich sah Mama mit einem vorwurfsvollen »da-hast-du-es«-Blick an, als ob sie daran schuld sei, was sie ja nicht war. Aber sie saß einfach nur da, die Hände im Schoß gefaltet, wurde hin- und hergerüttelt und sagte nichts, sondern sah nur resigniert und schicksalsergeben vor sich hin.

Als Mrs. Mayfair am Morgen angerufen hatte, hatte ich zu Mama gesagt: »Hör mal, ich sehe ja ein, daß ich zum Begräbnis gehen muß, obwohl ich von Begräbnissen nichts halte, aber was meinst du damit, daß wir mit ihnen zusammen Totenwache halten müßten?«

»Das tut man, wenn jemand, der einem nahegestanden hat, gestorben ist«, sagte Mama sehr bestimmt. »Man geht hin und wacht mit ihnen. Es ist eine schlimme Zeit.«

»Dann ist es eben eine schlimme Zeit«, erwiderte ich. »Und was kann ich da schon groß helfen, wo ich Liz und Ben Prescott seit meiner Kindheit nicht mehr gesehen habe, außer einmal im Jahr zu Weihnachten bei Mrs. Mayfair zum Geschenkaustausch? Soll ich vielleicht dasitzen und Taschentücher halten?«

Auf diese Bemerkung hin stand Mama auf und versetzte mir eine Ohrfeige, was sie nicht mehr getan hatte, seit ich ein kleines und sehr vorlautes Kind war. »Du kommst mit«, sagte sie mit würdevollem Unterton, der deutlich machte, daß weitere Albernheiten nicht geduldet werden.

Das also war der Grund, warum ich am heißesten Tag des Jahres in diesem Bus saß. Ich hatte keine Ahnung, wie man sich bei einer Totenwache zu kleiden pflegte, aber ich dachte, solange es schwarz war, konnte es nicht falsch sein. Deshalb hatte ich dieses wirklich schicke schwarze Leinenkostüm gewählt und einen kleinen Hut mit Schleier, den ich auch trage, wenn ich nach dem Büro abends zum Essen ausgehe, und ich fühlte mich fit für alles, was auf mich zukommen sollte.

Der Bus ratterte dahin und führte uns durch die übelsten Viertel von Ost-Boston, die ich seit meiner Kindheit nicht mehr gesehen hatte. Seit wir zu Tante Mary aufs Land gezogen waren, war ich nicht mehr in meiner Heimatstadt gewesen. Das einzige, was ich nach dem Umzug vermißt hatte, war das Meer. Sogar heute, in diesem Bus, ertappte ich mich, wie ich gespannt auf den ersten Streifen von Bläue wartete.

»Guck doch, Mama, da ist der alte Strand«, sagte ich.

Mama sah hin und lächelte. »Ja.« Dann wandte sie sich mir zu, und ihr schmales Gesicht wurde sehr ernst. »Ich möchte, daß ich heute stolz auf dich sein kann. Wenn du was sagen willst, sag es. Aber sag es nett. Und nichts von diesem übertriebenen Zeug, von wegen Leute verbrennen, wie Spanferkel auf dem Grill. Das schickt sich nicht.«

»Also, weißt du, Mama«, sagte ich genervt. Dauernd mußte ich mich rechtfertigen. »Du solltest wissen, daß ich Benimm habe. Nur weil es den alten Mr. Prescott erwischt hat und es niemandem leid tut, glaubst du, ich wäre nicht lieb und nett.«

Ich wußte, das würde Mama hochbringen. »Was meinst du mit – niemandem leid tut?« zischte sie, nachdem sie sich vergewissert hatte, daß uns niemand hören konnte.

»Wie kannst du nur so häßlich daherreden?«

»Also wirklich, Mama«, sagte ich, »du weißt, daß Mr. Prescott zwanzig Jahre älter war als Mrs. Prescott und daß sie nur auf seinen Tod gewartet hat, um noch ein wenig Spaß zu haben. Nur darauf gewartet hat. Solange ich denken kann, war er ein mürrischer alter Mann, der für jeden nur unfreundliche Worte hatte, und dann immer diese Hautkrankheit an den Händen.«

»Das war eine traurige Sache, für die er nichts konnte«, sagte Mama fromm. »Es war sein gutes Recht, mürrisch zu sein, mit den dauernd juckenden Händen, die er immer so reiben mußte.«

»Denk doch nur ans letzte Weihnachtsessen«, fuhr ich hartnäckig fort »Er saß am Tisch und rieb sich unausgesetzt die Hände, so laut, daß man sonst nichts hören konnte, nur diese Sandpapierhaut, die in kleinen Flocken auf den Tisch rieselte. Wer will schon gern mit so *etwas* Tag für Tag zusammenleben?«

Damit hatte ich sie. Kein Zweifel, Mr. Prescotts Ableben bedeutete für niemanden einen Verlust. Es war in jeder Beziehung das Beste, was passieren konnte.

»Na ja«, seufzte Mama, »wir müssen froh sein, daß er so schnell und leicht dahingegangen ist. Ich hoffe inständig, daß es mir ebenso ergeht, wenn meine Zeit gekommen ist.« Dann waren wir plötzlich in einem Gewirr von Straßen, die alle aufeinander zuliefen, und damit wieder im alten Devonshire Terrace. Mama drückte den Halteknopf. Der Bus kam ruckartig zum Stehen, und ich umklammerte gerade noch rechtzeitig die abgeblätterte Chromstange hinter dem Fahrer, sonst hätte ich den Bus durch die Windschutzscheibe verlassen. »Danke, Meister«, sagte ich in meinem eisigsten Ton und kletterte gezierten Schrittes aus dem Bus. »Denk daran«, sagte Mama, als wir auf dem engen Bürgersteig hintereinander hergingen, »denk daran, wir bleiben so lange, wie wir gebraucht werden. Und keine Klagen. Hilf beim Abwaschen oder rede mit Liz oder was immer.«

»Aber, Mama«, nörgelte ich, »warum soll ich sagen, daß es mir leid tut mit Mr. Prescott, wo es mir wirklich überhaupt nicht leid tut, im Gegenteil?«

»Du kannst sagen, Gott war so gnädig, ihn friedlich sterben zu lassen«, sagte Mama streng. »Dann sagst du die volle Wahrheit.«

Ich wurde erst nervös, als wir die schmale, ungepflasterte Einfahrt zu dem alten gelben Haus einbogen, das den Prescotts hier in Devonshire Terrace gehörte. Ich spürte noch nicht mal ein bißchen Trauer. Die orange-grünfarbige Markise über der Veranda war heruntergelassen, genau so, wie ich es in Erinnerung hatte, und selbst nach zehn Jahren sah alles unverändert aus, nur kleiner. Und die beiden Pappeln rechts und links der Tür waren geschrumpft, das war alles.

Als ich Mama die Steinstufen zur Veranda hinaufhalf, hörte ich ein Knarren, und tatsächlich, da saß Ben Prescott schaukelnd in der Hängematte, als wäre es irgendein ganz gewöhnlicher Tag auf Erden und nicht der Tag, an dem sein Paps gestorben war. Er saß einfach da, schlaksig und groß wie immer. Und ich war total von den Socken, als ich sah, daß er auch seine Lieblingsgitarre mit in der Hängematte hatte. So, als ob er gerade »The Big Rock Candy Mountain« oder so etwas gespielt hätte.

»Hallo, Ben«, sagte Mama, mit Trauer in der Stimme. »Es tut mir so leid.«

Ben sah verlegen drein. »Na ja. Ist schon gut«, sagte er. »Die Leute sind alle im Wohnzimmer.«

Ich lächelte Ben zu und folgte Mama durch die Gittertür. Ich wußte nicht, ob es richtig war, ihm zuzulächeln, weil Ben ein netter Kerl war, oder ob ich es besser hätte bleibenlassen sollen, aus Respekt vor seinem Paps.

Im Hausinneren war auch alles so, wie ich es in Erinnerung hatte, sehr dunkel, so daß man kaum etwas sah, und die grünen Rouleaus taten ein übriges. Sie waren alle heruntergezogen. Ob wegen der Hitze oder der Beerdigung, ich wußte es nicht. Mama ertastete sich ihren Weg ins Wohnzimmer und schob den Türvorhang beiseite. »Lydia?« rief sie.

»Agnes?« Etwas bewegte sich im Dunkel des Wohnzimmers, und Mrs. Prescott kam heraus und begrüßte uns. Sie hatte noch nie so gut ausgesehen, fand ich, auch wenn der Puder auf ihrem Gesicht voller Tränenstreifen war.

Ich stand einfach da, während sich die beiden umarmten und küßten und kleine mitleidige Geräusche von sich gaben. Dann wandte sich Mrs. Prescott mir zu und bot ihre Wange zum Kuß. Ich versuchte noch einmal traurig auszusehen, aber es gelang einfach nicht, deshalb sagte ich: »Sie glauben gar nicht, wie überrascht wir waren, als wir das von Mr. Prescott erfuhren.« Ehrlich, niemand war im mindesten überrascht, denn der alte Mann hätte nur noch einen weiteren Herzanfall haben müssen, und das wär's dann gewesen. Aber ich hatte genau das Richtige gesagt.

»Ach ja«, seufzte Mrs. Prescott. »Ich hatte gedacht, ich würde diesen Tag erst viele Jahre später erleben müssen.« Und sie führte uns ins Wohnzimmer.

Nachdem ich mich an das Dämmerlicht gewöhnt hatte, konnte ich die Leute erkennen, die da saßen. Mrs. Mayfair war da, Mrs. Prescotts Schwägerin, die gewaltigste Frau, die ich jemals gesehen hatte. Sie saß in der Ecke beim Klavier. Dann war Liz da, die mich knapp begrüßte. Sie hatte Shorts an und ein altes Hemd und rauchte einen Glimmstengel nach dem anderen. Für ein Mädchen, das am selben Morgen seinen Vater hatte sterben sehen, war sie ziemlich gleichgültig, höchstens ein wenig blaß, das war alles.

Nachdem wir alle unsere Plätze eingenommen hatten, sagte lange Zeit niemand etwas, so wie man auf das Stichwort wartet, bevor die Show beginnt. Nur Mrs. Mayfair, in ihren Fettschichten thronend, fuhr sich fortwährend mit ihrem Taschentuch über die Augen, aber ich war ziemlich sicher, daß es keine Tränen waren, die da flossen, sondern Schweiß. »Es ist ein Jammer«, begann Mama schließlich sehr leise, »es ist ein Jammer, Lydia, daß es auf diese Weise geschehen mußte. Ich habe mich so schnell auf den Weg gemacht, daß ich noch nicht einmal weiß, wer ihn gefunden hat.«

Mama sprach, »ihn« mit einem großen »I« aus, aber ich dachte mir, daß das jetzt in Ordnung ging, wo der alte Mr. Prescott niemanden mehr mit seiner schlechten Laune und den Raspelhänden ärgern konnte. Wie auch immer, es war jedenfalls genau das Stichwort, auf das Mrs. Prescott gewartet hatte.

»Ach Agnes«, begann sie, und auf ihr Gesicht trat ein eigenartiges Leuchten, »ich war nicht einmal da. Liz, das arme Kind, hat ihn gefunden.«

»Das arme Kind«, schnaubte Mrs. Mayfair in ihr Taschentuch. Ihr riesiges rotes Gesicht fiel auseinander wie eine geplatzte Wassermelone. »Er ist ihr geradewegs tot in die Arme gesunken.«

Liz sagte nichts, sondern drückte nur eine halbgerauchte

Zigarette aus und zündete sich eine neue an. Ihre Hände zitterten nicht einmal. Ungelogen, ich sah nämlich ganz genau hin.

»Ich war beim Rabbi«, fuhr Mrs. Prescott fort. Sie hat es immer mit den neuen Religionen. Dauernd ist irgend so ein neuer Pfarrer oder Prediger bei ihr zum Essen. Nun war also auch ein Rabbi dran. »Ich war beim Rabbi und Liz war zu Hause und kümmerte sich ums Essen, als Paps vom Schwimmen kam. Du weißt ja, wie gerne er schwimmen ging, Agnes.«

Mama sagte, ja, sie wisse, wie gerne Mr. Prescott schwimmen ging.

»Na ja«, fuhr Mrs. Prescott fort, so gelassen wie der Kerl aus der Dragnet-Serie, »es war noch nicht halb zwölf. Paps liebte es, morgens ein kleines Bad zu nehmen, sogar wenn das Wasser wie Eis war, und er kam herauf, stand im Garten, trocknete sich ab und redete über die Rosenhecke hinweg mit unserem Nachbarn.«

»Die Stockrosen hat er erst vor einem Jahr gepflanzt«, unterbrach Mrs. Mayfair, als ob das ein wichtiger Hinweis sei. »Und Mr. Grove, unser netter Nachbar, fand, daß Paps merkwürdig aussähe, so blau, sagte er, und plötzlich gab ihm Paps keine Antwort mehr, sondern stand einfach da und starrte vor sich hin, mit einem ungläubigen Lächeln im Gesicht.«

Liz sah nach draußen, noch immer war das knarrende Hängemattengeräusch zu hören. Sie blies Rauchringe in die Luft. Sagte die ganze Zeit kein Wort. Nur Rauchringe.

»Mr. Grove schrie nach Liz, und als sie rausgerannt kommt, schlägt Paps wie ein Baum auf den Boden, und Mr. Grove rannte ins Haus, um Cognac zu holen, und Liz hält Paps in den Armen...«

»Und was passierte dann?« mußte ich einfach fragen, genauso gespannt, wie als Kind, wenn Mama Einbrechergeschichten erzählte.

»Dann ...«, sagte Mrs. Prescott zu uns, »dann ... verschied Paps, genau in den Armen von Liz. Er hat noch nicht mal mehr den Cognac austrinken können.«

»Oh, Lydia«, rief meine Mutter. »Was du durchgemacht hast!« Mrs. Prescott sah nicht so aus, als ob sie jemals besonders viel durchgemacht hätte. Mrs. Mayfair schluchzte in ihr Taschentuch und rief den Namen des Herrn an. Sie mußte es auf den alten Knaben abgesehen haben, denn sie betete fortwährend: »Oh, vergib uns unsere Sünden«, als stünde sie vor Gericht und hätte ihn selbst getötet.

»Wir werden weitermachen«, sagte Mrs. Prescott und lächelte tapfer. »Paps hätte es so gewollt.«

»Das ist das Beste, was wir tun können«, seufzte Mama.

»Ich hoffe nur, daß ich einst auch so friedlich sterbe«, sagte Mrs. Prescott.

»Vergib uns unsere Sünden«, schluchzte Mrs. Mayfair, ohne jemand Besonderen zu meinen.

In diesem Augenblick hörte draußen das Knarren der Hängematte auf, und Ben Prescott stand in der Tür, er blinzelte hinter seinen dicken Brillengläsern und versuchte, uns in dem Dunkel zu erkennen. »Ich habe Hunger«, sagte er.

»Ich finde, wir sollten jetzt alle etwas essen«, sagte Mrs. Prescott lächelnd zu uns. »Die Nachbarn haben so viel zu essen gebracht, daß es für eine ganze Woche reicht.«

»Truthahn und Schinken, Suppe und Salat«, bemerkte Liz gelangweilt, als wäre sie eine Kellnerin, die die Speisekarte abliest. »Ich weiß gar nicht, wohin mit dem ganzen Zeug.«

»Ach, Lydia«, rief Mama aus, »laß *uns* das machen. Wir möchten helfen. Ich hoffe, es macht nicht zuviel Mühe...«

»Mühe? Nein«, Mrs. Prescott lächelte ihr neues strahlendes Lächeln, »die jungen Leute sollen es herrichten.«

Mama nickte mir bedeutungsvoll zu, und ich sprang auf, als hätte ich einen elektrischen Schlag bekommen. »Zeig mir, wo die Sachen sind, Liz«, sagte ich, »und wir werden im Nu fertig sein.«

Ben ging uns zur Küche voraus, wo der alte schwarze Gasherd war und der Ausguß voll mit schmutzigem Geschirr. Als erstes griff ich mir ein großes schweres Glas aus dem Abwaschbecken und ließ es voll Wasser laufen.

»Mensch, bin ich durstig«, sagte ich und stürzte es runter. Liz und Ben starrten mich an, als wären sie hypnotisiert. Dann merkte ich, daß das Wasser einen komischen Geschmack hatte, als hätte ich das Glas nicht richtig ausgewaschen und die Reste eines starken Getränks hätten sich mit dem Wasser vermischt.

»Das«, sagte Liz, nach einem langen Zug aus ihrer Zigarette, »das ist das Glas, aus dem Paps zuletzt getrunken hat. Aber macht nichts.«

»Um Gottes willen, das tut mir leid«, sagte ich und stellte das Glas schnell hin. Und ganz plötzlich hatte ich das Gefühl, mich übergeben zu müssen, weil ich mir den alten Prescott vorstellte, der zum letzten Mal aus dem Glas trank und dann blau wurde. »Es tut mir wirklich leid.«

Ben grinste: »Irgend jemand muß ja eines Tages wieder daraus trinken.« Ich mochte Ben, er war immer ein praktisch denkender Junge, wenn er es für richtig hielt.

Liz ging dann nach oben, um sich umzuziehen, nachdem sie mir gezeigt hatte, was ich zum Abendessen machen sollte.

»Hast du was dagegen, wenn ich meine Gitarre hole?« fragte Ben, während ich begann den Kartoffelsalat zuzubereiten.

»Klar doch, mir ist es recht«, sagte ich. »Aber was werden die

Leute sagen? Weil doch Gitarrespielen eigentlich bei Parties und so?«

»Laß sie doch reden. Ich muß jetzt einfach spielen.«

Ich fuhrwerkte in der Küche herum, und Ben sagte kaum etwas, saß nur da und spielte ganz leise diese Hillbilly-Lieder, bei denen man nie weiß, ob man lachen oder weinen soll.

»Weißt du, Ben«, sagte ich und schnitt den kalten Truthahn auf, »ich möchte gern wissen, ob es dir wirklich leid tut.«

Ben grinste sein typisches Ben-Grinsen. »Eigentlich nicht wirklich, aber ich bin nicht gut drauf. Es könnte mir besser gehen, das ist alles.«

Ich dachte an Mama, und plötzlich stieg die Traurigkeit in mir hoch, die den ganzen Tag über nicht kommen wollte. »Wir werden weitermachen«, sagte ich, »besser als vorher.« Und dann zitierte ich Mama, auch wenn ich nie geglaubt hatte, das zu können: »Das ist das Beste, was wir tun können.« Und ich nahm die heiße Erbsensuppe vom Herd.

»Ist doch komisch«, sagte Ben, »man denkt, wenn etwas tot ist, wäre man frei, und dann entdeckst du, es sitzt immer noch in dir drin und lacht dich aus. Ich hab nicht das Gefühl, Paps sei richtig tot. Er ist irgendwo da unten in mir drin und guckt zu, wie's weitergeht. Und grinst sich eins.«

»Das kann das Gute daran sein«, sagte ich und wußte plötzlich, daß es wirklich so sein konnte. »Davor darf man nicht wegrennen. Du weißt, du hast es immer dabei, selbst wenn du irgendwo anders hingehst, ist es keine Flucht. Man wird nur erwachsen.«

Ben lächelte mich an, und ich ging, um die Leute zu holen. Das Abendessen war eher ruhig, mit jeder Menge kaltem Schinken und Truthahn. Wir redeten über meinen Job bei der Versicherung, und ich brachte Mrs. Mayfair sogar zum Lachen, als ich von meinem Mr. Murray und seinen Zauberzigarren erzählte. Mrs. Prescott sagte, Liz sei so gut wie verlobt, und sie sei nur halb vorhanden, wenn Barry nicht da war. Niemand sprach von dem alten Mr. Prescott.

Mrs. Mayfair stopfte dreimal Nachtisch in sich hinein und wiederholte immer wieder, wenn die Schokoladentorte rumgereicht wurde: »Nur noch ein Stückchen, das ist alles, nur noch ein Stückchen!«

»Die arme Henrietta«, sagte Mrs. Prescott und sah zu, wie ihre riesige Schwägerin Eis löffelte. »Das ist dieser psychosomatische Hunger, von dem alle reden. Er zwingt sie, soviel zu essen.«

Nach dem Kaffee, den Liz in der Kaffeemühle gemahlen hatte – man konnte riechen, wie gut er war –, entstand für kurze Zeit ein peinliches Schweigen, Mama führte immer wieder die Tasse zum Mund und nahm einen Schluck, obwohl ich sehen konnte, daß sie längst leer war. Liz rauchte, eingetaucht in eine kleine blaue Wolke. Ben faltete aus seiner Papierserviette ein Segelflugzeug.

Mrs. Prescott räusperte sich: »Also, ich denke, ich sollte jetzt mit Henrietta zum Begräbnisinstitut gehen. Du mußt nicht meinen, Agnes, daß ich etwa altmodisch bin. Ich habe ausdrücklich gesagt, keine Blumen, und keiner braucht zu kommen. Aber ein paar Geschäftsfreunde von Paps erwarten es doch.«

»Ich komme mit«, sagte Mama entschlossen.

»Die Kinder kommen nicht mit«, sagte Mrs. Prescott. »Für die war es Aufregung genug.«

»Barry kommt nachher«, sagte Liz. »Ich muß abwaschen.«

»Ich wasche ab«, bot ich an und vermied es, Mama anzusehen.

»Ben kann mir helfen.«

»Na, dann ist ja alles geregelt.« Mrs. Prescott half Mrs. Mayfair beim Aufstehen, und Mama nahm Mrs. Mayfairs anderen Arm. Als letztes sah ich, wie sie ihr rückwärts die Treppe hinunterhalfen. Das sei die einzige Möglichkeit, sagte sie schnaufend und stöhnend, wie sie, ohne zu fallen, sicher hinunterkäme.

DAS WUNSCHKÄSTCHEN

Agnes Higgins wußte nur zu gut, was der glückselige, abwesende Gesichtsausdruck ihres Mannes Harold beim Frühstück bedeutete.

»Also«, Agnes zog hörbar die Luft ein und strich mit rachsüchtigen Bewegungen des Buttermessers Pflaumengelee auf ein Stück Toast, »was hast du *diese* Nacht geträumt?«

»Ich erinnerte mich gerade«, sagte Harold und sah weiter mit glücklichem, in nebelweite Fernen gerücktem Blick durch die höchst attraktive und greifbare Gestalt seiner Frau hindurch (die ihm, wie stets, auch an diesem Septembermorgen mit rosigen Wangen und losem blonden Haar im rosenbestickten Morgenmantel gegenübersaß), »an die Manuskripte, die ich mit William Blake besprach.«

»Aber«, erwiderte Agnes und sie konnte nur mühsam ihren Ärger verbergen, »aber woher *weißt* du, daß es William Blake war?«

Harold schien überrascht. »Was für eine Frage, von seinen Bildern, natürlich.«

Und was konnte Agnes darauf schon sagen? Sie brütete schweigend über ihrem Kaffee und kämpfte gegen die merkwürdige Eifersucht, die in ihr wie dunkler, bösartiger Krebs seit ihrer Hochzeitsnacht vor drei Monaten gewachsen war, als sie zum ersten Mal in Harolds Träume Einblick bekommen hatte. In dieser ersten Nacht ihrer Flitterwochen hatte Harold sie in den frühen Morgenstunden aus tiefem, traumlosem Schlaf durch ein heftiges, krampfartiges Zucken seines rechten Arms aufgeschreckt. Voll Besorgnis hatte Agnes Harold damals wachgerüttelt und ihn in zärtlich-mütterlichem Ton gefragt, was passiert sei; sie hatte gedacht, er kämpfe vielleicht gegen einen furchtbaren Alptraum an. Nicht so Harold.

»Ich begann das Es-dur-Klavierkonzert von Beethoven zu spielen«, erklärte er schlaftrunken. »Und ich muß gerade den Arm für die ersten Akkorde gehoben haben, als du mich geweckt hast.«

Zu Beginn ihrer Ehe amüsierte Agnes sich über Harolds lebhafte Träume. Jeden Morgen fragte sie ihn, was er in der vergangenen Nacht geträumt habe, und er erzählte es ihr in allen Einzelheiten, als beschriebe er ein bedeutsames, aktuelles Ereignis.

»In der Library of Congress wurde ich der Versammlung amerikanischer Dichter vorgestellt«, berichtete er zum Beispiel genußvoll, »da war William Carlos Williams in einem großartigen groben Mantel, und dann der Dichter, der über Nantucket schreibt, und Robinson Jeffers sah wie ein Indianer aus, genauso wie auf der Photographie in meiner Anthologie; und dann kam Robert Frost in einer Limousine vorgefahren und sagte irgend etwas Witziges, worüber ich lachen mußte.« Oder: »Ich sah eine wunderschöne Wüste, ganz rot und violett, in der jedes einzelne Sandkorn wie ein Rubin oder wie Saphire schimmerte. Ein weißer Leopard mit goldenen Flecken stand über einem leuchtend blauen Bach, die Hinterpfoten auf dem einen, die Vorderpfoten auf dem anderen Ufer, und ein kleiner Zug roter Ameisen überquerte den Bach, indem er den Leopard als Brücke benutzte, den Schwanz hinauf, den Rücken entlang, zwischen den Augen hindurch und auf der anderen Seite wieder hinunter.«

Harolds Träume waren nichts weniger als überaus sorgfältige Kunstwerke. Für einen gelernten Buchhalter mit ausgesprochen literarischen Neigungen (statt der üblichen Tageszeitung der Pendler las er auf der täglichen Bahnfahrt ins Büro E. T. A. Hoffmann, Kafka und astrologische Monatshefte) besaß Harold unzweifelhaft eine erstaunlich lebhafte, farbige Phantasie. Aber Harolds sonderbare Angewohnheit, seine Träume als einen festen Bestandteil seines realen Lebens zu begreifen, machte Agnes nach und nach immer wütender. Sie fühlte sich ausgeschlossen. Es war, als brächte Harold ein Drittel seines Lebens mit bedeutenden Menschen und märchenhaft legendären Wesen in einer anregenden Welt zu, von der Agnes auf ewig verbannt war, außer wenn er davon erzählte.

Woche um Woche verstrich, und Agnes verfiel mehr und mehr ins Grübeln. Obwohl sie sich weigerte, Harold davon zu erzählen, waren ihr die eigenen Träume, wenn sie träumte (und das war wahrhaftig selten genug), zuwider: dunkle, drohende Landschaften, bevölkert von unheilvollen, undeutlichen Gestalten. Sie konnte sich nie an Einzelheiten dieser Alpträume erinnern, da sich ihre Schatten schon beim Wachwerden verloren. Zurück blieb nur das undeutliche Gefühl einer erstickenden, gewitterträchtigen Atmosphäre, das sie den ganzen Tag über bedrohlich verfolgte. Agnes schämte sich viel zu sehr, als daß sie Harold gegenüber diese bruchstückhaften Schreckensszenen erwähnt hätte, aus Furcht, sie würden ihre bescheidene Phantasie überdeutlich widerspiegeln. Ihre wenigen und sich nur in großen Abständen einstellenden Träume schienen so sachlich, so langweilig im Vergleich mit den prunkvollen königlich-barocken Träumen Harolds. Wie hätte sie ihm zum Beispiel einfach sagen können: »Ich fiel«, oder: »Mutter starb, und ich war so traurig«, oder: »Etwas hat mich verfolgt, und ich konnte nicht weglaufen«? Die schlichte Wahrheit war einfach, begriff Agnes schmerzlich und voller Neid, daß ihr Traumleben selbst dem dienstbeflissensten Psychoanalytiker nur ein mühsam unterdrücktes Gähnen entlockt hätte.

Wo nur, überlegte Agnes wehmütig, waren die reichen Tage der Kindheit geblieben, als sie noch an Feen glaubte. Wenigstens damals war ihr Schlaf niemals ohne Traum und ihr Traum nicht platt und häßlich gewesen. Sie erinnerte sich wehmütig, wie sie mit sieben Jahren von einem Land über den Wolken geträumt hatte, wo Wunschkästchen, die mehr wie Kaffeemühlen aussahen, auf Bäumen wuchsen; man pflückte sich ein Kästchen, drehte die Kurbel neunmal, flüsterte dabei seinen Wunsch in ein kleines Loch an der Seite, und der Wunsch ging in Erfüllung. Ein anderes Mal hatte sie geträumt, sie hätte drei Zaubergrashalme gefunden, die neben dem Briefkasten am Ende ihrer Straße wuchsen: die Grashalme leuchteten wie Weihnachtsflitter, einer rot, einer blau und einer silbern. In einem anderen Traum standen sie und ihr kleiner Bruder Michael in Schneeanzügen vor dem weißen Holzhaus von Dody Nelson, knorpelige Wurzeln der Ahornbäume krochen wie Schlangen über den harten braunen Boden; sie trug rot-weiß gestreifte Wollfäustlinge; und als sie ihre hohle Hand ausstreckte, schneiten ganz plötzlich türkisblaue Hustenbonbons vom Himmel. Aber das war auch schon alles, was Agnes von den Träumen der unendlichen, schöpferischen Tage der Kindheit erinnerte. In welchem Alter war sie aus diesen wohltuenden, bunten Traumwelten verstoßen worden? Und aus welchem Grund?

Harold unterdessen berichtete beim Frühstück unermüdlich von seinen Träumen. Während einer depressiven Phase bei schlechter Sternenkonstellation, und bevor Harold Agnes begegnet war, hatte Harold einmal geträumt, daß ein schwer verbrannter roter Fuchs mit schwarzverkohltem Fell und voller blutender Wunden durch seine Küche lief. Später, kurz nach seiner Verheiratung mit Agnes, als die Sterne günstiger standen, vertraute er ihr an, der Fuchs sei wieder erschienen, auf wunderbare Weise völlig geheilt und mit dichtem Fell, und er habe Harold eine Flasche mit schwarzer Tinte überreicht. Auf seine Fuchs-Träume war Harold besonders stolz; sie kamen immer wieder. Dies traf bemerkenswerterweise auch auf seinen Traum mit dem Riesen-Hecht zu. »Es war an diesem See«, berichtete Harold an einem schwülen Augustmorgen, »wo mein Vetter Albert und ich immer angelten; er war voller Hechte. Und vergangene Nacht habe ich da geangelt und den riesigsten Hecht gefangen, den du dir vorstellen kannst – es muß der Ururgroßvater aller anderen Hechte gewesen sein, und ich zog und zog und zog, und er hörte überhaupt nicht mehr auf.«

Agnes verrührte mürrisch den Zucker in ihrem schwarzen Kaffee und setzte dagegen: »Als ich noch klein war, träumte ich einmal von Superman, ganz in Technicolor. Er war blau gekleidet mit einem roten Cape und hatte schwarze Haare, er war schön wie ein Prinz, und ich flog mit ihm zusammen durch die Lüfte – ich fühlte den Wind pfeifen, der mir die Tränen aus den Augen blies. Wir flogen über Alabama; ich wußte, es war Alabama, weil die Erde wie eine Landkarte aussah und in Großbuchstaben »Alabama« über den großen grünen Bergen stand.«

Harold war sichtlich beeindruckt. Dann fragte er Agnes: »Und was hast du letzte Nacht geträumt?« Harolds Stimme klang ziemlich schuldbewußt, denn, um die Wahrheit zu sagen, war er so ausschließlich mit seinem eigenen Traum-Leben beschäftigt, daß er wirklich nie ernsthaft daran gedacht hatte, den Zuhörer zu spielen und etwas über die Träume seiner Frau zu erfahren. Er betrachtete ihr hübsches, besorgtes Gesicht mit neuem Interesse: Agnes war, wie er vielleicht zum ersten Mal seit den frühen Tagen ihrer Ehe bemerkte, eine außergewöhnlich anziehende Person.

Für einen Augenblick war Agnes von Harolds gutgemeinter Frage verwirrt: Es war schon lange vorbei, daß sie ernsthaft erwogen hatte, Freuds Buch über Träume im Schrank zu verstekken, um sich ersatzweise mit der Traumerzählung von jemand anderem zu wappnen, mit der sie morgens Harolds Interesse wecken wollte. Jetzt gab sie ihre Zurückhaltung auf und beschloß voller Verzweiflung, ihr Problem zu bekennen.

»Ich träuem überhaupt nichts«, gestand Agnes mit leiser, tragischer Stimme, »nicht mehr.«

Harold war offensichtlich besorgt. »Vielleicht gebrauchst du einfach deine Phantasie zu wenig«, tröstete er sie, »du solltest das üben. Versuche, die Augen zuzumachen.«

Agnes schloß die Augen.

Harold fragte erwartungsvoll: »Und was siehst du jetzt?« Agnes geriet in Panik. Sie sah nichts. »Nichts«, sagte sie mit bebender Stimme, »nichts, außer so Lichtflecken.«

»Gut, dann stell dir einen Becher vor«, sagte Harold energisch, und er klang wie ein Arzt, der es mit einer Krankheit zu tun hatte, die zwar besorgniserregend ist, aber nicht unbedingt zum Tod führt.

»*Was* für einen Becher denn?« fragte Agnes flehentlich.

»Das ist deine Sache«, sagte Harold. »*Du* sollst *mir* einen Becher beschreiben.«

Mit immer noch geschlossenen Augen durchforschte Agnes verzweifelt ihren Kopf. Mit großer Mühe gelang es ihr, sich einen schwach silbern schimmernden Becher vorzustellen, der irgendwo in den nebligen Tiefen ihres Kopfes waberte und flakkerte, als würde er im nächsten Moment wie eine Kerze verlöschen.

»Er ist aus Silber«, sagte sie fast trotzig, »und hat zwei Henkel.«

»Gut, und jetzt stell dir ein Bild vor, das in den Becher eingraviert ist.«

Agnes erzwang die in das Silber eingekratzten Umrisse eines Rentiers, umspielt von Weinranken. »Da ist ein Rentier in einem Kranz von Weinblättern.«

»In welchen Farben?« Harold war erbarmungslos, dachte Agnes.

»Grün«, log sie und emaillierte hastig die Weinblätter.

»Die Weinblätter sind grün. Und der Himmel ist schwarz –«, sie war fast stolz auf diesen originellen Einfall. »Und das Rentier ist rotbraun mit weißen Flecken.«

»Gut, und jetzt poliere den ganzen Becher auf Hochglanz.«

Agnes polierte den imaginären Becher und kam sich wie eine Betrügerin vor. »Aber der ist doch ganz *tief* in meinem Kopf«, sagte sie voller Zweifel und machte die Augen auf. »Ich sehe das alles ganz hinten im Kopf. Siehst du *deine* Träume auch aus solcher Entfernung?«

»Aber nein«, sagte Harold verstört, »ich sehe meine Träume wie auf einer Kinoleinwand, direkt vor den Augenlidern. Sie kommen von selbst; ich habe gar nichts damit zu tun. So wie jetzt wieder«, er schloß die Augen, »ich sehe hoch in einem großen Weidenbaum glänzende Kronen auftauchen und verschwinden.«

Agnes verfiel in düsteres Schweigen.

»Es wird schon alles gut werden«, versuchte Harold sie scherzend zu ermutigen. »Versuch dir einfach jeden Tag verschiedene Sachen vorzustellen, wie ich es dir beigebracht habe.«

Agnes erwähnte die Angelegenheit nicht mehr. Während Harold arbeiten ging, begann sie plötzlich tagsüber viel zu lesen; das Lesen füllte ihren Kopf mit Bildern. Wie von einer Art hysterischem Heißhunger befallen, fraß sie sich rasch durch Romane, Frauenzeitschriften, Zeitungen und sogar durch die Anekdoten ihrer Ausgabe von »Joy of Cooking«; sie las Reiseprospekte, Werbebroschüren für Haushaltsgeräte, den Sears-Roebuck-Katalog, die Anweisungen auf Waschmittelpaketen, die Texte auf Plattenhüllen – einfach alles, nur um nicht dem klaffenden Nichts ihres eigenen Kopfes zu verfallen, der Leere, die Harold ihr so schmerzhaft bewußt gemacht hatte. Aber sobald sie die Augen von dem Gedruckten vor sich hob, war es, als ob eine schutzbietende Welt ausgelöscht worden sei.

Die völlig sich selbst genügende, unveränderliche Wirklichkeit der sie umgebenden Dinge deprimierte Agnes mehr und mehr. Ihr furchtsamer, fast paralysierender Blick nahm mit eifersüchtiger Scheu den Orientteppich wahr, die rokokoblaue Tapete, die vergoldeten Drachen der chinesischen Vase auf dem Kaminsims und das blau-goldene Medaillon-Muster des Polstersofas, auf dem sie saß. Sie hatte das bedrückende Gefühl, von diesen Gegenständen erstickt zu werden, deren massige Existenz auf gewisse Weise die tiefsten und geheimsten Wurzeln ihres eigenen vergänglichen Seins bedrohten. Sie wußte nur zu gut, daß Harold einen solch bombastischen Unsinn von Tischen und Stühlen nicht dulden würde; wenn er etwas sah, was er nicht mochte, wenn es ihn langweilte, veränderte er es, bis es seinen Vorstellungen entsprach. Es wäre himmlisch, wenn in einer wundervollen Halluzination ein Tintenfisch in purpur-orangenem Paisleymuster über den Boden auf sie zuglitte, klagte Agnes traurig. Alles wäre ihr lieb gewesen, was bewies, daß ihre Fähigkeiten zu schöpferischer Phantasie nicht unwiderbringlich dahin waren; daß ihr Auge nicht nur eine offene Photolinse war, die nichts anderes tat, als vorhandene Phänomene zu registrieren und sie als das zu belassen, was sie sind. »Eine Rose«, hörte sie sich leer wie eine Totenklage wiederholen, »ist eine Rose ist eine Rose...«

Eines Morgens las Agnes einen Roman und merkte plötzlich mit Schrecken, daß ihre Augen fünf Seiten gelesen hatten, ohne daß sie die Bedeutung auch nur eines Wortes aufgenommen hatte. Sie versuchte es wieder, aber die Buchstaben lösten sich voneinander und wanden sich wie kleine bösartige schwarze Schlangen über die Seite mit einer Art zischender, unübertragbarer Sprache. Von da ab ging Agnes jeden Nachmittag in die Kinos der Umgebung. Es spielte keine Rolle, wenn sie den Film schon mehrere Male gesehen hatte; das Kaleidoskop fließender Formen vor ihren Augen versetzte sie in rhythmische Trance: die beruhigende, unverständliche Geheimsprache der Stimmen vertrieb die Totenstille aus ihrem Kopf.

Schließlich brachte Agnes Harold mit viel Überredungskunst dazu, ein Fernsehgerät zu kaufen. Das war viel besser als Kino; sie konnte während der langen Nachmittage Sherry trinken und fernsehen. Nach kurzer Zeit entdeckte Agnes mit einer gewissen hämischen Befriedigung, daß Harolds Gesicht, wenn sie ihn abends begrüßte, unter ihrem Blick verschwamm und sie so seine Gesichtszüge nach Belieben verändern konnte. Einmal gab sie ihm eine erbsengrüne Hautfarbe, dann eine lavendelfarbene; einmal eine griechische Nase, dann einen Adlerschnabel.

»Aber ich *mag* Sherry«, sagte Agnes trotzig zu Harold, wenn er sie bat, weniger zu trinken, denn selbst für seine nachsichtigen Augen war ihr nachmittägliches, einsames Trinken unübersehbar geworden. »Sherry entspannt mich.« Der Sherry entspannte Agnes allerdings nicht genug, um sie einschlafen zu lassen. Wenn der visionäre Sherry-Nebel verflogen war, lag sie verkrampft und grauenhaft nüchtern im Bett und krallte die

Finger in die Bettlaken, während Harold sich schon längst, friedlich und regelmäßig atmend in einem seiner wunderbaren Abenteuer befand. Mit nacktem, zunehmendem Grauen lag Agnes Nacht für Nacht hellwach. Und was noch schlimmer war: Sie wurde nicht mehr müde.

Endlich überkam sie die düstere, klare Erkenntnis dessen, was ihr geschah: Die Vorhänge des Schlafs, die erfrischende, vergessenmachende Dunkelheit, die jeden Tag von dem vorhergehenden und dem folgenden trennt, waren für sie auf alle Ewigkeit und unwiderruflich weggezogen. Sie sah eine unerträgliche, endlose Folge wacher, gesichtsloser Tage und Nächte vor sich, und ihren Kopf zu vollständiger Leere verdammt, ohne auch nur ein einziges eigenes Bild, das den vernichtenden Angriff dieser selbstgefälligen, in sich ruhenden Tische und Stühle hätte abwehren können. Sie könnte durchaus hundert Jahre alt werden, überlegte Agnes angewidert: Die Frauen in ihrer Familie waren langlebig.

Dr. Marcus, Hausarzt der Familie Higgins, versuchte Agnes auf seine joviale Art wegen ihrer Schlaflosigkeit zu beruhigen: »Nur ein wenig nervöse Anspannung, das ist alles. Nehmen Sie eine Zeitlang jeden Abend eine dieser Kapseln, und Sie werden sehen, wie Sie schlafen werden.«

Agnes fragte Dr. Marcus nicht, ob das Mittel ihr Träume schenken würde; sie steckte die Schachtel mit den fünfzig Kapseln in ihre Handtasche und nahm den Bus nach Hause.

Zwei Tage später, am letzten Freitag im September, als Harold von der Arbeit zurückkam (er hatte während der einstündigen Bahnfahrt nach Hause die Augen geschlossen, als ob er schliefe, während er in Wirklichkeit auf einem zweimastigen Segelschiff mit kirschrotem Trapezsegel einen leuchtenden Fluß hinauffuhr, wo Herden weißer Elefanten im Schatten maurischer Türme aus vielfarbigem Glas durch die kristallene Oberfläche des Wassers brachen), fand er Agnes auf dem Sofa im Wohnzimmer liegen, sie trug ihr Lieblingskleid aus smaragdgrünem Taft und war bleich und lieblich wie eine erblühte Lilie. Ihre Augen waren geschlossen, eine leere Pillenschachtel und ein umgefallener Wasserkrug lagen auf dem Teppich neben ihr. Auf ihrem friedlichen Gesicht lag ein feines heimliches Lächeln des Triumphes, als ob sie endlich in einem fernen Land, unerreichbar für die Sterblichen, mit dem dunklen Prinzen im roten Cape, dem Prinzen ihrer frühen Träume, Walzer tanzte.

»Was Herbert dazu sagt, ist mir egal«, erklärte Mrs. Nellie Meehan und schaufelte zwei Löffel Zucker in ihren Tee. »Mir ist einmal ein Engel erschienen. Es war meine Schwester Minnie in der Nacht, als Lucas starb.«

In dem Haus, das die Meehans gerade gekauft hatten, saßen die vier an jenem Novemberabend vor dem glühenden Kohlenfeuer: Nellie Meehan und ihr Ehemann Clifford; Nellies Cousin Herbert – Untermieter bei den Meehans, seit seine rothaarige Frau ihn vor ungefähr siebenundzwanzig Jahren während der Heuernte verlassen hatte – und Dora Sutcliffe, die auf dem Heimweg von ihrer Freundin Ellen den Caxton Slack hinaufgekommen war und auf ein Kännchen Tee vorbeischaute. Ellen war gerade aus dem Krankenhaus entlassen worden und erholte sich von einer Augenoperation.

Das verlöschende Feuer glühte noch warm, und der verbeulte Aluminiumteekessel dampfte auf der Feuerstelle. Nellie Meehan hatte zu Ehren von Doras Besuch ihre Leinentischdecke hervorgeholt, die sie selbst mit Veilchen und Mohnblüten bestickt hatte. Rosinenkuchen und gebutterte Scones türmten sich wie eine Schneewehe auf der mit einem blauen Weidenmotiv verzierten Platte, und eine kleine Schüssel aus geschliffenem Glas war üppig mit Nellies selbstgemachter Stachelbeermarmelade gefüllt. Draußen in der klaren, windigen Nacht stand hoch und voll der Mond. Bläulich schimmernder Nebel stieg vom Grund des Tals auf, wo der Gebirgsbach schwarz und tief über die schäumenden Wasserfälle floß, die Doras Schwager sich am Montag vor einer Woche ausgesucht hatte, um sich zu ertränken. Das Haus der Meehans (das sie im frühen Herbst von der unverheirateten Katherine Edwards gekauft hatten, deren Mutter Maisie im wackeren Alter von sechsundachtzig Jahren gestorben war) klammerte sich auf halber Höhe an den steilen Hang, der mit rotbeerigen Eschen und Farnkraut bewachsen war. Oben wurde er flacher und lief in einer wilden, kahlen Moorlandschaft aus, auf der Heide wuchs und schwarzköpfige Moorschafe mit gewundenen Hörnern und irre stierenden, gelben Augen herumstreiften.

Den ganzen langen Abend hatten sie schon damit verbracht, über den Ersten Weltkrieg zu reden und die verschiedenen Schicksale derer, die Erfolg hatten, und derer, die gestorben waren, zu erörtern, und wie immer erhob sich Clifford Meehan ächzend an einem bestimmten Punkt während der Unterhaltung und holte aus der unteren Schublade des polierten Mahagoni-Geschirrschranks die Pappschachtel mit den Andenken heraus – Orden, Ordensbänder und das zerschossene Soldbuch, das sich durch die Gunst des Schicksals in seiner Brusttasche befunden hatte, als die Kugel ihn traf (in den verblichenen Seiten steckten noch die Schrapnellkügelchen) –, um Dora Sutcliffe die unscharfe Daguerreotypie zu zeigen, die im Krankenhaus am Weihnachtsfest vor dem Waffenstillstand aufgenommen worden war. Die fünf lächelnden jungen Männergesichter lagen im Schein einer matten Wintersonne, deren Auf- und Untergang gut vierzig Jahre zurücklag. »Das bin ich«, hatte Clifford gesagt, sein Daumen stieß auf die anderen Gesichter herab, eines nach dem anderen, und als ob er die Schicksale von Personen eines weithin bekannten Theaterstücks aufzählte, sagte er: »Er hat sein Bein verloren. Er wurde getötet. Er ist tot, und er ist tot.«

So fuhren sie mit ihrer netten Plauderei fort, beschworen die

Lebenden und Toten und durchlebten noch einmal jedes vergangene Ereignis, als hätte es weder Anfang noch Ende, sondern existiere lebhaft und unwiderruflich seit Anbeginn der Zeit und würde noch lange weiterexistieren, wenn ihre Stimmen schon verstummt waren.

»Was«, fragte Dora Sutcliffe Nellie Meehan jetzt in gedämpftem Kirchenton, »hatte Minnie an?«

Nellie Meehans Augen wurden verträumt. »Ein weißes, gesmoktes Empirehemd«, sagte sie. »In der Taille war es gekräuselt, mit Hunderten und Aberhunderten von kleinen Fältchen. Ich erinnere mich ganz genau. Und Flügel, große Flügel aus Federn reichten über die nackten Zehenspitzen. Clifford und ich wußten bis zum nächsten Morgen nichts von Lucas, aber es war in der Nacht, in der ich die Schmerzen hatte und das Klopfen hörte. In der Nacht, als Minnie erschien. Nicht wahr, Clifford?«

Clifford Meehan paffte nachdenklich an seiner Pfeife; sein Haar schimmerte im Schein des Feuers silbrig, seine Hosen und sein Pullover waren lorbeergrau; bis auf seine markante, rotgeäderte Nase schien alles an ihm durchsichtig zu werden, als ob man durch Cliffords dünne, ergraute Gestalt den mit glänzendem Zaumzeug behängten Kaminsims allmählich durchscheinen sähe. »Ja«, sagte er schließlich, »es war in der Nacht.« Die unbestreitbaren Momente, in denen seiner Frau das zweite Gesicht erschien, hatten ihm schon immer Ehrfurcht eingeflößt und ihn ein wenig nachdenklich gestimmt.

Cousin Herbert saß mit mürrischer und skeptischer Miene da; seine riesigen, ungeschickten, in den Falten rissig gewordenen Hände hingen schlaff herunter. Herberts Gedanken hatten sich vor langer Zeit in jenem entfernten, sonnigen Tag verankert, dem ersten schönen Tag nach einer Woche Regen, als die

Verwandten seiner Frau Rhoda, die gekommen waren, um bei der Heuernte zu helfen, mit Rhoda einen Ausflug nach Manchester machten und Herbert mit dem Heu allein ließen. Als sie bei Einbruch der Dunkelheit zurückkamen, fanden sie ihre gepackten Koffer in der hinteren Ecke der Kuhweide vor; Rhoda hat ihn daraufhin entrüstet mit ihren Eltern zusammen verlassen. Stur und stolz, wie er war, hatte Herbert sie niemals gebeten, zurückzukommen; und ebenso stur und stolz, war sie nie wieder zurückgekehrt.

»Ich bin aufgewacht...« Nellie Meehans Augen verschleierten sich wie in Trance, und ihre Stimme wurde monoton. Draußen stürmte der Wind gegen das Haus, das unter diesen kraftvollen Angriffen bis in sein Fundament knarrte und erschüttert wurde. »Ich bin in dieser Nacht mit schrecklichen Schmerzen in meiner linken Schulter aufgewacht, überall hörte ich dieses laute Klopfen, und da war Minnie, stand an meinem Fußende, ganz blaß und lieblich – ich muß sieben gewesen sein, in dem Winter, als sie Lungenentzündung bekam; wir schliefen damals in demselben Bett. Je länger ich sie anschaute, desto mehr verblaßte sie, immer mehr und mehr, bis sie sich vollständig in Nichts auflöste. Weil ich Clifford nicht wecken wollte, stand ich vorsichtig auf und schlich hinunter, um mir eine Kanne Tee zu machen. Irgendwie tat mir meine Schulter schrecklich weh, und die ganze Zeit hörte ich dieses Klopf, Klopf, Klopf...«

»Was war es?« flehte Dora Sutcliffe mit weit aufgerissenen wäßrig-blauen Augen. Sie hatte die Geschichte von Lucas' Erhängen schon unzählige Male aus zweiter und dritter Hand gehört, doch jede neue Erzählung ließ die vorangegangenen Geschichten verschwimmen und miteinander zu einer verschmelzen; jedesmal fragte sie an diesem Punkt, eifrig und neugierig, als sei sie Teil eines ewig fragenden Chors: »Was klopfte?«

»Zuerst dachte ich, es wäre der Schreiner von nebenan«, sagte Nellie Meehan, »denn er war oft die ganze Nacht wach und hämmerte in seiner Werkstatt in der Garage. Aber als ich aus dem Küchenfenster sah, war es dort stockdunkel. Und ich hörte immer noch dieses Klopf, Klopf, Klopf, und die ganze Zeit über pochte der Schmerz genauso in meiner Schulter. Ich setzte mich ins Wohnzimmer und versuchte zu lesen, muß aber eingeschlafen sein, denn Clifford fand mich dort, als er am Morgen herunterkam, um zur Arbeit zu gehen. Als ich wach wurde, war es totenstill. Der Schmerz in meiner Schulter war weg, und der Briefträger kam mit dem Brief im schwarzen Rand, wo das über Lucas drinstand.«

»Es war kein Brief«, widersprach Clifford Meehan. Ganz offensichtlich wurde Nellie an manchen Punkten ihrer Erzählung derart mitgerissen, daß Ungenauigkeiten dieser Art entstanden, weil sie irgendwelche Einzelheiten improvisierte, die ihrem Gedächtnis gerade entfallen waren. »Es war ein Telegramm. Du hättest einen Brief nicht am selben Morgen bekommen können, an dem sie ihn aufgegeben haben.«

»Dann halt ein Telegramm«, willigte Nellie Meehan ein, »in dem stand: Kommt, Lucas tot.«

»Das muß einer deiner Onkel sein, sagte ich ihr«, fiel Clifford Meehan ein. »Ich sagte, die können nicht Lucas meinen, wo er so jung und ein wirklich guter Schreinermeister war.«

»Aber es war Lucas«, sagte Nellie Meehan. »In dieser Nacht hatte er sich erhängt. Seine Tochter Daphne fand ihn auf dem Dachboden. Stell dir das vor.«

»Stell dir das bloß vor«, hauchte Dora Sutcliffe. Ihre Hand, als gehöre sie nicht zu ihrem reglosen, aufmerksamen Körper, griff nach einem Butterscone.

»Es war der Krieg«, verkündete Cousin Herbert plötzlich mit düsterer Grabesstimme; wegen mangelnder Benutzung war seine klare Stimme rauh geworden. »Kein Holz war zu kriegen, weder für Geld noch gute Worte.«

»Nun, wie auch immer, es war Lucas.« Clifford Meehan klopfte seine Pfeife am Kamingitter aus und nahm seinen Tabaksbeutel hervor. »War gerade Teilhaber seiner Schreinerfirma geworden. Nur wenige Tage, bevor er sich erhängte, stand er dort, wo die neuen Appartements gebaut wurden, und sagte zu seinem alten Chef Dick Greenwood: ›Ich frage mich, ob diese Appartements jemals fertig werden.‹ Seine Leute haben an dem Abend, als er es tat, mit ihm geredet und haben nichts Außergewöhnliches bemerkt.«

»Es war seine Frau Agnes«, behauptete Nellie Meehan und schüttelte in Erinnerung an das Schicksal des von ihr gegangenen Bruders traurig den Kopf; ihre braunen Augen waren sanft wie die einer Kuh. »Agnes brachte ihn um, so sicher, als hätte sie ihn vergiftet. Nie hatte sie ein freundliches Wort für ihn. Er durfte sich immer nur sorgen, sorgen, bis zum Tode sorgen. Verkaufte auch noch gleich danach seine Kleider auf einer Versteigerung und kaufte sich einen Süßwarenladen von dem Geld, das sie dafür bekam, und dem, was er ihr hinterlassen hatte.«

»Nein, so was!« Dora Sutcliffe rümpfte die Nase. »Ich habe ja schon immer gesagt, daß Agnes etwas Schäbiges an sich hat. Sie hängte ihre Waage mit Taschentüchern zu, und alles in ihrem Laden war immer einige Pennies teurer als überall sonst. Gerade vor zwei Jahren habe ich einen Weihnachtskuchen bei Agnes gekauft und mich eine Woche später nach dem Preis für den gleichen Kuchen in Halifax erkundigt. Agnes' kostete eine halbe Crown mehr.«

Clifford Meehan stopfte frischen Tabak in seine Pfeife. »Lucas fuhr in der bewußten Nacht mit seiner Tochter Daphne ins Pub«, sagte er langsam. Auch er hatte seinen Teil der Geschichte schon so oft erzählt, und jedesmal war ihm, als ob er hier erwartungsvoll innehielt und auf irgendein klärendes Licht wartete, das aus seinen eigenen Worten auf ihn überspringen würde, um die düsteren, dürftigen Tatsachen von Lucas' Abgang zu erhellen und zu klären. »Nach dem Abendessen ging Lucas nach oben, und als Daphne ihn rief, weil sie losfahren wollte, vergingen einige Minuten, bis er kam – sein Gesicht war merkwürdig verschwollen, sagte Daphne später, und seine Lippen irgendwie blau angelaufen. Nun, sie hielten am Black Bull, um ein paar Bitter zu trinken, was Lucas für gewöhnlich am Donnerstagabend tat, und als er wieder zu Hause war und mit Daphne und Agnes unten eine Weile zusammengesessen hatte, legte er seine Hände auf die Stuhllehnen und hievte sich hoch – hundertmal habe ich ihn so aufstehen sehen – und sagte: ›Ich glaube, ich gehe mich fertigmachen.‹ Etwas später ging Daphne nach oben und rief Agnes zu: ›Pa ist nicht hier oben.‹ Daraufhin lief sie die Treppe zum Dachboden hinauf; es war der einzig mögliche Ort, wo er hätte sein können. Und dort fand sie ihn, er hing vom Dachbalken, mausetot.«

»In den mittleren Balken war ein Loch gebohrt«, sagte Nellie Meehan. »Als Daphne noch klein war, hatte Lucas dort oben eine Schaukel für sie angebracht. Er hatte das Seil, mit dem er sich aufhängte, durch eben dieses Loch gezogen.«

»Man fand Schlurfspuren auf dem Fußboden«, berichtete Clifford Meehan ebenso kalt und sachlich wie der Zeitungsartikel über den Fall, der mit dem Datum von vor neun Jahren in

Nellies Familienalbum vergilbte, »wo Lucas zuerst versucht hatte, sich zu erhängen, kurz bevor er ausging, nur war das Seil zu lang gewesen. Aber als er zurückkam, schnitt er es kurz genug.«

»Ich verstehe nicht, wie Lucas das tun konnte«, seufzte Dora Sutcliffe. »Genausowenig, wie ich das mit meinem Schwager Gerald verstehe.«

»Ja, Gerald war ein feiner Mensch.« Nellie Meehan sprach ihr Beileid aus. »Kräftig und mit rotem Kopf, stämmig, wie man es sich nur wünschen konnte. Was wird Myra jetzt, wo er gestorben ist, mit der Farm machen?«

»Ja, weiß Gott«, sagte Dora Sutcliffe, »Gerald ging im letzten Winter im Krankenhaus ein und aus. Wegen seiner Nieren. Myra erzählte, der Arzt hätte ihm nur gesagt, er müsse noch mal kommen, sie wären immer noch nicht in Ordnung. Und Myra jetzt ganz allein. Ihre Tochter Beatrice heiratete den, der in Südafrika unten Versuche mit Kühen macht.«

»Ich bewundere deinen Bruder Jake, der immer noch so munter weitermacht wie schon seit dreißig Jahren, Nellie«, stimmte Clifford Meehan in Gedanken versunken in die Fuge über die Familienphantome ein. Seine Stimme war so melancholisch, wie nur die Stimme eines Mannes sein kann, dessen zwei stramme Söhne ihn auf seine alten Tage verlassen hatten, der eine wegen Australien und Schafsfarmen, der andere wegen Kanada und einer koketten Sekretärin namens Janeen. »Mit dieser Hexe Esther als Frau, und seine einzige überlebende Tochter Cora ist mit achtundzwanzig taub wie ein Baum. Ich weiß noch, wie Jake uns besuchte, bevor er Esther heiratete...«

»Was haben wir damals für lebhafte und heitere Gespräche gehabt«, unterbrach Nellie Meehan mit einem blassen, wehmütigen Lächeln, als sei es bereits auf irgendeinem veralteten Familienfoto erstarrt.

»... uns besuchte und sich auf das Sofa warf und sagte: ›Weiß nicht, ob ich Esther heiraten soll; sie ist bei schwacher Gesundheit, redet ständig von Beschwerden und Krankenhaus.‹ Und tatsächlich war Esther eine Woche nach ihrer Heirat im Krankenhaus und hatte eine Operation, die Jake hundert Pfund kostete; die hatte sie sich bis nach der Hochzeit aufgehoben, wo er für den ganzen Kram aufkommen mußte.«

»Hat sein ganzes Leben lang für seine Wollspinnerei geschuftet, mein Bruder Jake.« Nellie Meehan rührte den kalten Teerest in ihrer Tasse um. »Und jetzt, wo er ein Vermögen gemacht und die Möglichkeit hat, etwas von der Welt zu sehen, rührt Esther sich keinen Schritt aus dem Haus raus; sitzt nur da, nörgelt an der armen, dummen Cora herum und läßt nicht einmal zu, daß sie in ein Heim kommt, wo sie unter ihresgleichen wäre. Nimmt immer Kräuter und Tränke ein, die Esther. Als Gabriel unterwegs war, der einzig Gute von allen, richtig bei Verstand, nachdem dieser seltsame Albert mit dem Sprachfehler geboren war, brach es aus Jake richtig heraus, und er sagte zu Esther: ›Wenn du den kaputtmachst, bring ich dich um.‹ Und dann, nicht einmal sieben Jahre später, holte die Lungenentzündung beide Jungen, den guten und den schlechten.«

Nellie Meehans liebevolle Augen wanderten zu der roten Glut im Kamin, als ob dort die Herzen all dieser Toten leuchteten. »Aber sie warten.« Ihre Stimme senkte sich und klang leise und beruhigend wie ein Wiegenlied. »Sie kommen zurück.« Clifford Meehan zog langsam an seiner Pfeife. Cousin Herbert saß reglos da, das helle Licht und die Schatten des verglühenden Feuers gruben sich in seine grüblerischen Züge und gaben ihm etwas Standbildhaftes. »Ich weiß es«, flüsterte Nellie Meehan fast zu sich selbst, »ich habe sie gesehen.«

»Du meinst«, Dora Sutcliffe schauderte in dem leichten, kühlen Luftzug, der durch den Fensterrahmen hinter ihr drang, »du hast *Geister* gesehen?« Dora Sutcliffes Frage war rhetorisch, Nellie Meehans Berichte über ihren sporadischen Umgang mit der übersinnlichen Welt wurden ihr nie langweilig.

»Nicht gerade Geister, Dora«, sagte Nellie Meehan leise, bescheiden und zurückhaltend wie immer, wenn sie über ihre seltsame Gabe sprach, »sondern *Erscheinungen*. Ich kam in einen Raum und fühlte, daß dort jemand war, in Lebensgröße. Und jedesmal habe ich mir gesagt: Wenn du es nur ein bißchen *schärfer* sehen könntest, Nellie Meehan, wären sie so deutlich wie der Tag.«

»Träume!« Cousin Herberts Stimme krächzte rauh. »Blödsinn!«

Die drei anderen sprachen und gestikulierten weiter, als wäre Cousin Herbert nicht im Zimmer, als träfen seine Worte auf taube Ohren. Dora Sutcliffe erhob sich, um zu gehen. »Clifford wird dich den Slack Way hinaufbegleiten«, sagte Nellie Meehan.

Cousin Herbert stand ohne ein weiteres Wort auf, seine Schultern waren gekrümmt, als quälte ihn ein unbeschreiblich starker, persönlicher Schmerz. Er drehte der Gruppe am Feuer den Rücken zu und stampfte mit dumpfen, schweren Schritten die Treppe hinauf zu Bett.

Nellie Meehan brachte ihren Mann und Dora Sutcliffe zur Tür und schob sie hinaus in den böigen Wind, zu dem nebelverhangenen Mond. Sie stand noch eine Minute auf der Schwelle und starrte den beiden Gestalten nach, die sich allmählich in der Dunkelheit verloren. Bis ins Mark spürte sie eine Kälte, die tödlicher war als jedes Messer. Dann schloß sie die Tür und ging ins Wohnzimmer zurück, um die Teesachen abzuräumen. Als sie den Raum betrat, blieb sie wie betäubt stehen. Dort, vor dem geblümten Polstersofa, schwebte einige Zentimeter über dem Fußboden eine blendende Säule – nicht so sehr wie ein Lichtkörper in der Luft, sondern wie ein Schleier, der über dem vertrauten Hintergrund lag, ein Nebelschleier über dem Sofa, dem Mahagoni-Geschirrschrank, und dahinter die Rosenzweig- und Vergißmeinnichttapete. Vor Nellie Meehans Augen begann der Schleier eine schwach vertraute Gestalt anzunehmen. Seine Züge waren blaß und erstarrten wie Eis in dunstiger Luft, bis sie dichter und wirklicher wurden, wie Nellie Meehan selbst.

Nellie Meehan stand da, ohne mit der Wimper zu zucken, und fixierte mit ihren ruhigen Augen die helle Erscheinung. »Ich kenne dich, Maisie Edwards«, sagte sie mit sanfter, beschwichtigender Stimme. »Du suchst deine Katherine. Aber du wirst sie hier nicht mehr finden. Sie wohnt jetzt woanders, woanders unten in Todmorden.«

Und dann, fast entschuldigend, drehte Nellie Meehan der glimmenden Gestalt, die immer noch in der Luft schwebte, den Rücken zu, um das Teegeschirr abzuräumen und vor Cliffords Rückkehr den Abwasch zu machen. In ihrem Kopf hatte sie ein seltsames, neues Gefühl von Leichtigkeit, als sie bemerkte, daß sich die mollige, winzig kleine Frau stocksteif, mit offenen Augen und Mund, in den Schaukelstuhl neben dem Teetisch gesetzt hatte. Als Nellie staunend nach Luft rang, fühlte sie, wie die Kälte bis ins Innerste ihres Herzens drang. Mit einem Seufzer, tief wie ein langsamer, erlösender Atemzug, sah sie das feine Weidenmotivmuster der Untertasse deutlich durch ihre durchsichtige Hand scheinen, und wie ein Echo, das mit erwartungsvoll schwatzenden Schatten zischend einen gewölbten Korridor hinunterhallt, hörte sie die Stimme in ihrem Rücken, die sie begrüßte wie eine erfreute Gastgeberin, die lange auf einen verspäteten Gast gewartet hat: »Nun«, sagte Maisie Edwards, »es wird langsam Zeit, Nellie.«

Bamber hatte am Market Hill ihr Fahrrad gerammt; Orangen, Feigen und ein Paket mit rosa glasierten Törtchen flogen auf die Straße, und als er sie zur Entschädigung zu der Party einlud, beschloß Dody Ventura, hinzugehen. Sie hielt ihr verrostetes Raleigh-Rad fest und blieb unter den gestreiften Segeltuchmarkisen des Obststandes stehen, während Bamber die Orangen einsammelte. Sein roter Mönchsbart war dünn und struppig. Zu seinen Baumwollsocken trug er Sommersandalen, obwohl die Februarluft beißend kalt war.

»Du kommst doch, oder?« Albinoaugen fixierten sie. Blasse, knochige Hände ließen die leuchtenden Orangen mit der scharfriechenden Schale in ihren geflochtenen Fahrradkorb fallen. »Leider«, sagte Bamber, während er versuchte, die ursprüngliche Form des Kuchenpakets wiederherzustellen, »etwas zermatscht.«

Seinem Blick ausweichend, sah Dody die Great St. Mary's Passage hinunter, die von parkenden Fahrrädern gesäumt war, ein Rad hinter dem anderen. Die Steinfassade von King's und die Zinnen der Kapelle zeichneten sich formvollendet und frostig vor einem lichten, aquarellblauen Himmel ab. Solche Momente konnten das Schicksal wenden.

»Wer kommt denn alles?« fragte Dody. Ihre Finger fühlten sich in der Kälte steif und leer an. Wenn mich niemand braucht, bin ich überflüssig, erstarre ich.

Bamber spreizte seine großen Hände zu kreidigen Spinnennetzen, als wollte er die ganze Menschheit umspannen. »Alle. All die Literaturjungs. Kennst du sie?«

»Nein.« Aber Dody las sie. Mick. Leonard. Besonders Leonard. Sie kannte ihn nicht, aber sie konnte ihn auswendig. Mit ihm, wenn er mit Larson und den Jungs aus London kam, ging Adele zum Mittagessen. Nur zwei amerikanische Mädchen im College, und Adele wird den Keim in Leonard ersticken. Kaum mehr Keim: Blüte war es, in voller Blüte auf dem Höhepunkt der Karriere. Kein Platz für uns beide, hatte Dody Adele erklärt, als Adele die Bücher zurückbrachte, die sie ausgeliehen hatte, alles frisch unterstrichen und am Rand mit Notizen versehen. »Aber *du* hast unterstrichen«, rechtfertigte sich Adele zuckersüß mit unschuldigem Gesicht unter ihrem glänzenden blonden Haarschopf. »Ich kann mit meinen Sachen umgehen, wie ich will«, sagte Dody, »und du verwischst gefälligst deine Spuren.« Aus irgendeinem Grund hatte Adele das Spiel um die Königin gewonnen: anbetungswürdig, ganz unschuldiges Erstaunen. Den Geschmack von Zitronen auf den Lippen, zog Dody sich in ihr grünes Heiligtum von Arden mit seinem steinernen Abbild von Verrocchios Knaben zurück. Zum Abstauben, zur Andacht: Talent genug.

»Ich komme«, sagte Dody plötzlich.

»Mit wem?«

»Schick Hamish vorbei.«

Bamber seufzte. »Er wird da sein.«

Dody radelte in Richtung Benet Street davon. Roter karierter Schal und schwarzer Talar flogen im Wind. Hamish: solide, langsam. Als ob er per Maulesel reiste, ohne ihn zu treten. Dody wählte mit Bedacht, mit Bedacht und einer Verbeugung vor der Steinfigur in ihrem Garten. Solange es jemand war, der nicht wichtig war, war es nicht wichtig. Seit Beginn des Frühjahrsemesters hatte sie sich angewöhnt, den Schnee vom Gesicht des geflügelten, delphintragenden Knaben mitten im schneebedeckten Collegegarten zu wischen. Um die langen Tische mit den schwarzgewandeten Mädchen zu verlassen, die sich schwatzend über dem verkochten Abendessen von Spaghetti, Steckrüben, matschigen Spiegeleiern und rotem Himbeerpudding zum Nachtisch mit ihren Wassergläsern zuprosteten, schob Dody ihren Stuhl zurück und schwebte mit gesenktem Blick, unterwürfig und mit aufgesetzter, sittsamer Miene am Dozententisch vorbei, wo Gelehrte mit viktorianischer Reife Äpfel, Käsestückchen und Diätzwieback zu sich nahmen. Sie lief hinaus aus der verschnörkelten, weißgestrichenen Halle mit ihren goldgerahmten Direktorenporträts, die sich in hochgeschlossenen Talaren selbstlos und strahlend von den Wänden neigten, fort von den zugezogenen fahlen Draperien mit blaugoldenem Farnmuster. Ihre Absätze hallten in den kahlen Fluren.

Im menschenleeren Collegegarten stieg ihr der scharfe Geruch der dunkelgrünen Fichtennadeln in die Nase. Der Steinknabe balancierte auf einem Fuß, hielt die steinernen Flügel wie Federfächer dem Wind entgegen und trug seinen wasserlosen Delphin durch das rauhe, stürmische Wetter eines fremden Landes. Jeden Abend, wenn es geschneit hatte, kratzte Dody mit bloßen Fingern den verkrusteten Schnee von seinen steinernen Augenlidern und von seinem plumpen, steinernen Puttenfuß. Wenn nicht ich, wer dann?

Während sie die schneebedeckten Tennisplätze auf ihrem Weg zurück nach Arden überquerte, am Haus der kleinen, auserwählten Gruppe ausländischer Studentinnen aus Südafrika, Indien und Amerika vorbei, schickte sie ein stilles Stoßgebet zum Himmel, an das orangerot glühende Freudenfeuer, das schwach über den kahlen Baumwipfeln der Stadt aufleuchtete, und an die Sterne, die weit entfernt wie geschliffene Edelsteine blinkten: Laßt etwas geschehen. Laßt etwas geschehen. Etwas Schreckliches, etwas Blutiges. Etwas, das diesen endlos fallenden Flocken der Schneewehe aus Luftpostbriefen und umgeblätterten leeren Seiten in Bibliotheksbüchern ein Ende setzt. Wie wir vergeudet werden, wie wir uns ans Nichts verschwenden. Laßt mich *Phädra* sein und den roten Mantel der Verdammnis nehmen. Laßt mich ein Zeichen setzen.

Aber die Tage kamen und gingen, adrett, nett, einer Abschlußprüfung entgegen, und Mrs. Guinea machte ihre Runde, pünktlich wie ein Uhrwerk, jeden Samstagabend, beladen mit Stapeln frischgewaschener Laken und Kissenbezüge, ein Beweis für die sichere und ewig erneuerbare Reinheit der Welt. Mrs. Guinea, die schottische Haushälterin, für die Bier und Männer häßliche Worte waren. Als Mr. Guinea starb, wurde die Erinnerung an ihn wie ein Zeitungsausschnitt im Sammelalbum für immer zusammengefaltet, beschriftet und verwahrt, und Mrs. Guinea erblühte geruchlos nach all den Jahren wieder zur Jungfrau, auf irgendeine Weise zu übernatürlicher Jungfernschaft wiedererweckt.

An diesem Freitagabend, als Dody auf Hamish wartete, trug sie einen schwarzen Pullover und einen schwarzweiß karierten Wollrock mit einem breiten, roten Gürtel um die Taille. Ich werde Schmerzen ertragen, tat sie der Luft kund, während sie ihre Nägel in Applecart Red lackierte. Ein halbfertiges Referat über die Metaphorik in *Phädra,* das siebte weiße Blatt steckte in der Schreibmaschine. Weisheit durch Leiden. In ihrer Mansarde im dritten Stock lauschte sie, hielt die Höhe letzter Angstschreie fest; lauschte: den Hexen auf der Folter, dem prasselnden Scheiterhaufen der Jeanne d'Arc, den unbekannten Damen, die wie Fackeln im berstenden Metall der Sportwagen an der Riviera loderten, der erleuchteten Zelda, die hinter den Barrieren ihres Irrsinns brannte. Was an Visionen zu haben war, kam unter Daumenschrauben, nicht in den tödlichen Komfort einer wärmflaschengemütlichen Ecke. Ohne im Geiste mit der Wimper zu zucken, entblößte sie ihr Fleisch. Hier. Triff mich im Innersten.

Ein Klopfen an der kahlen, weißen Tür. Dody lackierte den Nagel ihres linken kleinen Fingers zu Ende, verschraubte die Flasche mit dem blutig leuchtenden Nagellack, ließ Hamish so lange warten. Dann erst, ihre Hand schüttelnd, um den Lack zu trocknen, öffnete sie schwungvoll die Tür.

Langweiliges rosa Gesicht, schmale Lippen mit einem aufgesetzten, neunmalklugen Lächeln. Hamish trug einen makellosen blauen Blazer mit Messingknöpfen, der ihn wie einen Jungen von einer Privatschule oder einen Sportsegler außer Dienst aussehen ließ.

»Hallo«, sagte Dody.

»Wie«, Hamish trat ein, ohne daß sie ihn gebeten hätte, »geht's dir?«

»Hab eine Nebenhöhlenvereiterung.« Sie zog die verstopfte Nase hoch, und in ihrer Kehle klumpte es sich, entgegenkommenderweise, mit einem häßlichen, froschähnlichen Geräusch.

»Hör mal«, Hamish badete sie mit seinen wasserblauen Augen, »ich meine, wir sollten aufhören, uns gegenseitig das Leben so schwer zu machen.«

»Klar.« Dody reichte ihm den roten Wollmantel und faltete ihren Universitätstalar zu einem schwarzen Trauerpaket. »Klare Sache.« Sie schlüpfte in den roten Mantel, den Hamish ihr hinhielt. »Kannst du meinen Talar nehmen?«

Sie knipste das Licht aus, als sie das Zimmer verließen, und schloß die cremefarbene Tür. Hamish voran ging sie, Stufe für

Stufe, die zwei Treppen hinunter. Der untere Flur mit den numerierten Türen und der dunklen Täfelung war leer. Kein Geräusch, nur das dumpfe Ticken der Standuhr im Treppenschacht.

»Ich will mich noch schnell austragen.«

»Nein, brauchst du nicht«, sagte Hamish. »Du wirst spät zurückkommen. Und du hast einen Schlüssel.«

»Woher weißt du das?«

»Alle Mädchen in diesem Haus haben Schlüssel.«

»Aber«, flüsterte Dody protestierend, als er die Haustür öffnete, »Miss Minchell hat so scharfe Ohren.«

»Miss Minchell?«

»Unsere Universitätssekretärin. Sie schläft bei uns, sie paßt auf uns auf.« Miss Minchell führte grimmig und mit zusammengekniffenen Lippen die Aufsicht über den Frühstückstisch in Arden. Es gab ein Gerücht, daß es ihr die Sprache verschlagen hatte, als die amerikanischen Mädchen anfingen, mit Schlafanzügen unter ihren Bademänteln zum Frühstück zu erscheinen. Die englischen Mädchen kamen alle förmlich und vollständig angezogen zu ihrem morgendlichen heißen Tee, zu Hering und Weißbrot hinunter. Die Amerikanerinnen in Arden hatten das unvorstellbare Glück – Miss Minchell rümpfte spitz die Nase –, daß sie einen Toaster besaßen. Großzügigerweise wurde jedem Mädchen am Sonntag ein Viertelpfund Butter für die Woche zugeteilt. Nur die Unersättlichen kauften zusätzlich Butter beim Gemischtwarenhändler und schmierten sie doppelt dick auf den Toast, während Miss Minchell mißbilligend ihren ungebutterten in die zweite Tasse Tee tunkte, um ihren Nerven etwas Gutes zu tun.

Die Umrisse eines schwarzen Taxis waren im Lichtkegel der Lampe über dem Eingang zu erkennen, an der sich in Frühlingsnächten Motten ihre Flügel zu Staub schlugen. Keine Motten, nur die Winterluft jagte jetzt, wie die Schwingen einer Raubmöwe, Schauer über Dodys Rücken. Der hintere Schlag des Taxis hing offen in den schwarzen Angeln, ließ den Blick frei auf das karge Interieur, einen tiefen, rissigen Ledersitz. Hamish half ihr hinein und setzte sich neben sie. Er schlug die Tür zu, und wie auf ein Signal drehten die Räder durch und das Taxi schleuderte die Straße hinunter, daß der Schotter aufspritzte.

Natriumdampflampen vom Fen Causeway flochten ihr unheimliches, orangefarbenes Licht in die blattlosen Pappeln von Sheep's Green, und die Häuser und Ladenfronten von Newnham Village reflektierten das fahle Licht, als das Taxi durch die Schlaglöcher der engen Straße rumpelte und schlingernd in die Silver Street einbog.

Hamish hatte kein Wort zu dem Fahrer gesagt. Dody lachte. »Du hast alles organisiert, nicht?«

»Mach ich immer.« Im schwefligen Licht der Straßenlaternen nahm Hamishs Gesicht seltsam orientalische Züge an, seine blassen Augen sahen über den hohen Wangenknochen wie leere Schlitze aus. Dody wußte alles über ihn, ein vom Bier aufgedunsener Kanadier, dessen Wachsmaske sie angenehmerweise zu einer Party von Freizeitlyrikern und unbedeutenden Universitäts-D. H. Lawrences begleitete. Nur Leonards Worte würden sich von dem geistreichen Unsinn abheben. Sie kannte ihn nicht, aber daß sie es wußte, schärfte ihre Klinge. Laß kommen, was kommt.

»Ich plane immer voraus«, sagte Hamish. »So wie ich für uns geplant habe, eine Stunde lang etwas trinken zu gehen. Und dann die Party. Keiner wird so früh da sein. Später gibt es da vielleicht sogar ein paar Dozenten.«

»Werden Mick und Leonard da sein?«

»Du kennst sie?«

»Nein, habe sie nur gelesen.«

»Klar, sie werden da sein. Wenn jemand da ist. Aber halte dich von ihnen fern.«

»Warum? Warum sollte ich?« Wert, von sich fernzuhalten, heißt wert, genauer zu betrachten. Wollte sie solche Begegnungen, oder diktierten die Sterne ihre Tage, zog Orion sie in Ketten an seinen gespornten Stiefeln hinter sich her?

»Weil sie falsch sind. Und außerdem die größten Verführer von Cambridge.«

»Ich kann selbst auf mich aufpassen.« Denn wenn ich gebe, gebe ich niemals wirklich alles. Dody, der immer kluge Geizhals, lehnt sich zurück und umklammert das letzte, wertvollste Kronjuwel. Immer in Sicherheit, nonnenhaft ihrer Statue dienend. Ihrer geflügelten Statue aus Stein mit niemandes Gesicht.

»Sicher«, sagte Hamish. »Sicher.«

Das Taxi hielt gegenüber der zinnenverzierten Steinfassade des King's, die im Lampenlicht wie eine als Stein maskierte, gestärkte Spitze aussah. Jungen in schwarzen Talaren schritten zu zweit und zu dritt vor der Pförtnerloge auf und ab.

»Keine Sorge.« Hamish half ihr auf den Bürgersteig, blieb stehen und zählte sein Kleingeld in die Hand des gesichtslosen Taxifahrers. »Es ist alles arrangiert.«

Von Millers polierter Holztheke aus beobachtete Dody die Paare, die weit entfernt am Ende des mit Teppichen ausgelegten Raumes die plüschbedeckte Treppe zum Speisesaal hinauf- und hinuntergingen: hungrig nach oben, vollgestopft nach unten. Verschmierte Lippenspuren am Glasrand, erstarrendes Rebhuhnfett, rubinbesetzt mit halbedlen Johannisbeergeleeklumpen. Der Whisky fing langsam an, die Beschwerden ihrer Nebenhöhlenvereiterung wegzubrennen, aber auch ihre Stimme mitzunehmen, wie immer. Ganz matt und hohl.

»Hamish.« Sie versuchte es.

»Wo bist du gewesen?« Seine warme Hand unter ihrem Ellenbogen tat gut, wie jede warme Hand. Leute schwammen wogend vorbei, ohne Füße, ohne Gesichter. Jenseits des Fensters, umrahmt von grünblättrigen Gummibäumen, leuchteten Gesichtsmasken aus der dunklen See auf und trieben wieder fort, fahle Unterwasserplaneten am Rande der Vision.

»Fertig?«

»Fertig. Hast du meinen Talar?« Hamish zeigte auf das schwarze Stück Tuch, das er über dem Arm trug, und bahnte sich einen Weg durch die Menschenmenge vor der Bar zu den gläsernen Schwingtüren. Dody ging betont vorsichtig hinter ihm her, heftete ihre Augen auf seinen breiten, marineblauen Rücken, und als er die Tür öffnete, um sie vor sich hinaustreten zu lassen, ergriff sie seinen Arm. In seiner Zuverlässigkeit fühlte sie sich sicher, wie ein Ballon vom Wind gehalten, schwindelig, gefährlich schwankend, aber dennoch ziemlich sicher in dem starken Wind. Wenn du auf die Ritze trittst, bricht sich Mutter das Genick. Vorsichtig setzte sie ihre Füße auf die Platten.

»Du solltest lieber deinen Talar anziehen«, sagte Hamish, nachdem sie eine Weile gegangen waren. »Ich will nicht, daß die Aufseher uns schnappen. Besonders heute.«

»Wieso ›besonders‹?«

»Sie haben es heute auf mich abgesehen. Hilfsaufseher und so.«

Bei Peas Hill, unter dem grünbeleuchteten Vordach der Kunsthalle, half Hamish ihr, in die beiden Löcher des schwarzen Talares zu schlüpfen. »Er hat hier auf der Schulter einen Riß.«

»Ich weiß. Ich fühle mich immer wie in einer Zwangsjacke. Rutscht ständig runter und preßt mir die Arme am Körper fest.«

»Die werfen jetzt die Talare weg, wenn sie dich mit einem zerrissenen erwischen. Sie kommen einfach auf dich zu, nehmen ihn dir ab und zerreißen ihn auf der Stelle.«

»Ich sollte ihn zunähen«, sagte Dody. Flicken. Flick das Zerrissene, das Zerfetzte. Rettet den abgerissenen Ärmel. »Mit schwarzem Stickgarn. Damit man's nicht sieht.«

»Das würde ihnen gefallen.«

Hand in Hand gingen sie über den kopfsteingepflasterten Platz von Market Hill. Sterne leuchteten blaß über dem geschwärzten Seitenflügel der Great St. Mary's Church, die letzte Woche bußfertige Horden von Billy-Graham-Zuhörern beherbergt hatte. Vorbei an den Holzpfosten der leeren Marktstände. Dann die Petty Cury hoch, vorbei am Weinhändler mit chilenischem Burgunder und südafrikanischem Sherry im Fenster, an den geschlossenen Metzgereien und den bleiverglasten Fenstern von Heffers, wo die Bücher in der Auslage einer augenlosen Umgebung ihre stille Litanei von Worten wiederholten. Bis zu den Barocktürmen von Lloyd's lag die Straße kahl vor ihnen, verlassen bis auf ein paar Studenten, die zu Dinnerpartys oder Theaterveranstaltungen eilten; schwarze Talare flatterten wie Krähenflügel im frostigen Wind hinter ihnen her.

Dody sog gierig die kalte Luft ein. Ein letzter Segen. In der dunklen, gewundenen Gasse von Falcon Yard ergoß sich Licht aus den Fenstern im oberen Stock, kamen Lachsalven, genau abgestimmt auf die leisen synkopischen Klänge eines Klaviers.

Ein Eingang breitete sein Lichtband vor ihnen aus. Auf halbem Weg der himmelschreiend steilen Treppe fühlte Dody, wie das Gebäude schwankte, das Geländer unter ihrer Hand nachgab, ihre Hand war schmierig, klamm vom Schweiß. Schneckenspuren, Fieberspuren. Aber das Fieber würde alles in den richtigen Fluß bringen, sein Feuer in ihre Wangen einbrennen, die braune Narbe auf ihrer linken Wange tilgen und in eine rote Rose verwandeln. Wie damals, als sie mit Fieber in den Zirkus ging, neun Jahre alt, vorher hatte sie sich Eis unter die Zunge gelegt, damit das Thermometer nichts anzeigte und ihre Erkältung verschwunden war, als der Schwertschlucker die Manege betrat und sie sich auf der Stelle in ihn verknallte.

Leonard könnte oben sein. In dem Zimmer am Ende der Treppe, die Hamish und sie gerade erklommen, Schritt für Schritt in Übereinstimmung mit den genau bemessenen Standorten der Sterne.

»Du machst das gut.« Hamish, direkt hinter ihrer Schulter, seine Hand unter ihrem Ellenbogen, schob sie aufwärts. Schritt. Und dann Schritt.

»Ich bin nicht betrunken.«

»Natürlich nicht.«

Der Türrahmen hing in einem Gewirr von Stufen, sich senkenden und hebenden Wänden, schloß alle anderen Räume aus, alle anderen Abgänge außer diesem einen. Gehorsame Engel in rosa Gaze zogen an unsichtbaren Fäden die überflüssigen Kulissen fort. Dody hielt mitten im Türrahmen inne. Das Leben ist ein Baum mit vielen Ästen. Wähle ich diesen Ast, verlasse ich mein Schneckenhaus für meinen Anteil von Äpfeln. Ich sammle meine Winesaps, meine Cox, meine Bramleys, meine Jonathans. Nach meiner Wahl. Oder wähle ich überhaupt?

»Dody ist da.«

»Wo?« Larson strahlend, mit seinem offenen amerikanischen Gesicht, herzlich, leicht glänzend wie immer, mit unerschütterlichem, ungezwungenem Stolz, kam mit einem Glas in der Hand herüber, Hamish brachte ihren Mantel und Talar zur Garderobe, und sie legte ihre braune, genarbte Lederhandtasche auf die nächste Fensterbank. Nicht vergessen.

»Ich hab eine Menge getrunken«, bemerkte Larson liebenswürdig, lächerlicher Stolz leuchtete in seinen Augen, als ob er auf der Wöchnerinnenstation nebenan gerade erfolgreich Vierlinge zur Welt gebracht hätte. »Also, nimm mein Gerede nicht ernst.« Er wartete auf Adele, und mit ihrem Lilienhaupt vor Augen verteilte er währenddessen reichlich honigsüße Nettigkeiten. Dody kannte ihn bisher nur von einigen »Hallos« und »Tschüß« unter Adeles stetiger Aufsicht. »Mick ist schon hinüber.« Larsons Daumen wies in Richtung der wogenden, brodelnden Menge von Tänzern, über denen Schweißgeruch und der Freitagabendeintopf bestürzend konträrer Parfüme schwebte.

Durch die lose miteinander verbundenen Klavierrhythmen, durch die blauen, wie Reiher aufsteigenden Rauchschwaden erkannte Dody den Jungen, der Mick war, dunkle Koteletten und zerwühltes Haar; er bewegte sich zu einer langsamen, weit ausholenden Version von englischem Jitterbug mit einem Mädchen in jagdgrünem Rock und Pullover, die so eng anlagen wie eine Froschhaut.

»Seine Haare stehen ab wie Teufelshörner«, sagte Dody. Sie würden also alle mit Mädchen versorgt sein, Larson, Leonard. Leonard, der von London hergekommen war, um den Start der neuen Zeitschrift zu feiern. Mit ungerührtem Gesicht hatte sie Adeles Gerede ertragen, gelegentlich nachfragend, spionierend von den Zinnen ihrer Festung, bis Leonard als einziger die Rolle des Statuenzerstörers einnahm, weil er keine Statuen hatte. »Ist das Micks Künstlerin?«

Larson strahlte. »Das ist die Ballettänzerin. Wir nehmen jetzt Ballettstunden.« Eine tiefe Kniebeuge, sein Glas schwappte über, die Hälfte war verschüttet. »Weißt du, Mick ist teuflisch. Wie du sagst. Weißt du, was er tat, als wir noch Kinder waren, in Tennessee?«

»Nein.« Dodys Augen wanderten durch den überfüllten Raum, huschten über Gesichter, hakten die Vorzüge der übrigen Unbekannten ab. »Was hat er getan?«

Da. Hinten in der Ecke, bei dem Holztisch, Gläser waren schon keine mehr da, der Punschkrug enthielt nur noch den Matsch von Orangen- und Zitronenschalen, stand ein Großer. Mit dem Rücken zu ihr, hochgezogene Schultern in einem dikken, schwarzen Rollkragenpullover, durch dessen Löcher man ein abgetragenes grünes Unterhemd sehen konnte. Seine Hände schossen in die Höhe, zerschnitten die Luft, um seinen unhörbaren Worten Nachdruck zu verleihen. Das Mädchen. Natürlich, das Mädchen. Blaß, Sommersprossen, kein Mund, sondern eine rosa, matte, ferne Rosenknospe, neigte sich mit großen Augen wie Schilfrohr im Strom seiner Worte. Das mußte Wie-hieß-sie-doch-gleich sein. Dolores. Oder Cheryl. Oder Iris. Wortlose und bleiche Gefährtin in Dodys Kurs in Klassischer Tragödie. Sie. Schweigsam. Mit Hundeblick. Schlau. Schickte stellvertretend ihre Leiche ins Seminar. Um mit rasselnder, verstaubter Stimme Prometheus' Problem vorzutragen. Während sie meilenweit weg in Sicherheit war, im Hemd vor dem Marmorsockel kniete. Dienerin einer Statue. Sie auch. Also.

»Wer«, fragte Dody, die sich jetzt sicher war, »ist das?«

Aber niemand antwortete.

»Über wilde Hunde«, sagte Larson. »Und Mick war der König der wilden Hunde, und wir mußten ihn bedienen ...«

»Was zu trinken?« Hamish tauchte neben ihr mit zwei Gläsern auf. Die Musik war zu Ende. Applaus brauste auf. Schaumfetzen auf der Brandung der Stimmen. Mick kam auf sie zu, teilte die Menge mit seinen Ellenbogen.

»Tanzen?«

»Klar.« Leonards Zeit lag in Micks Seemannshänden. Dody hob ihr Glas, und ihr Drink wuchs, um ihren Mund zu treffen. Die Decke schwankte, und die Wände bogen sich. Fenster schmolzen, sich einwärts wölbend.

»Oh, Dody«, Larson grinste. »Du hast gekleckert.«

Tropfen liefen über Dodys Handrücken, ein dunkler Fleck wurde größer, breitete sich auf ihrem Rock aus. Schon markiert. »Ich möchte ein paar von diesen Schriftstellern kennenlernen.«

Larson reckte seinen dicken Hals. »Da ist Brian. Der Herausgeber persönlich. Reicht der dir?«

»Hallo.«, Dody sah auf Brian hinunter, der zu ihr hoch sah, dunkelhaarig, tadellos, ein geschniegeltes kleines Paket von einem Mann. Ihre Gliedmaßen wurden riesig, Arm den Schornstein hoch, Bein durch das Fenster. Alles wegen dieser widerlichen kleinen Törtchen. Also wuchs sie, füllte den Raum aus. »Du hast das über die Edelsteine geschrieben. Das Salatleuchten des Smaragds. Das Auge des Diamanten. Ich fand es ...«

Neben dem schwarzen, polierten, sargähnlichen Klavier nahm Milton Chubb sein Saxophon auf, sein massiger Körper schwitzte dunkle Halbmonde unter den Armen. Dilys, dieses schüchterne, wuschelige Küken, schmiegte sich in seinen Arm, blinzelte unter wimpernlosen Augenlidern. Er würde sie zerdrücken. Er war bestimmt viermal so groß wie sie. Im College war bereits unter den Mädchen für sie gesammelt worden, damit sie und ihr kleiner, runder Bauch in London von Miltons ungewollt knospenden Erben befreit werden konnten. Ein Gewinsel. Ein Geknuffe.

Micks Finger griffen nach ihren. Seine Hand, mager, fest wie ein Seil, mit schwieliger Handfläche, riß sie aus ihren kreisenden Gedanken, und sie trat hinaus, hinaus aus den Klauen der Schwermut. Planeten funkelten in den fernen Reichen ihres Kopfes. M. Vem. Jaysun Pa. Merkur. Venus. Erde. Mars. Ich werde da hinkommen. Jupiter. Saturn. Dreht sich merkwürdig. Uranus? Neptun, mit Dreizack, grünhaarig. Weit entfernt. Pluto mit mongoloiden Lidern, danach. Und unzählige Asteroiden, ein Summen vergoldeter Bienen. Raus, raus. Jemanden anrempeln, sanft abprallen und sich wieder auf Mick zubewegen. Zum Hier, zum Jetzt.

»Ich kann überhaupt nicht tanzen.«

Aber Mick stellte sich taub. Wachs in den Ohren gegen Sirenenrufe. Grinst sie von weit, weit entfernt an, verschwindet. Über den Fluß und die Wälder. Sein körperloses Grinsen hing leuchtend in der Luft. Kein Wort konnte er hören in seiner kanariengefiederten Welt.

»Du hast diese Gedichte geschrieben«, schrie Dody über die dröhnende Musik, die lauter und lauter anschwoll, wie das anhaltende Dröhnen der Flugzeuge, die von der Startbahn über Boston Harbor abhoben. Sie versuchte eine Nahaufnahme, den Raum blinzelnd wie durch das verkehrte Ende eines Fernrohrs zu sehen. Ein rothaariger Junge beugte sich über das Klavier, seine Finger spielten einen Cakewalk, unsichtbar. Chubb, schwitzend und mit rotem Kopf, ließ sein Instrument jaulen, und Bamber war auch da, ruckartig flogen seine knochigen, kalkigen Hände wieder und wieder über die Gitarre.

»Diese Worte. Du hast sie geschaffen.« Aber Mick, zerknittert und hinüber in seinen ausgebeulten karierten Hosen, schwang sie vor und zurück, fing sie wieder auf, und Leonard war nirgendwo zu sehen. Überhaupt nirgendwo. All die vergeudeten Stunden. Sie vergeudete auf ihrer Jagd Stunden wie Salzkörnchen an das salzige Meer. Dieser einzigen Jagd.

Hamishs Gesicht leuchtete plötzlich, wie eine Kerze im Kreis der sich drehenden Gesichter, vor ihr auf. Gesichtszüge verschwammen und verwischten sich wie warmes Wachs. Hamish, ein wachsamer Schutzengel, wartete aufmerksam, kam nicht näher. Aber der Mann im schwarzen Pullover war nähergekommen. Seine hochgezogenen Schultern löschten den Raum aus, Stück für Stück für Stück. Rosa, schimmernd und wirkungslos flimmerte Hamishs Gesicht hinter dem abgetragenen, zerrissenen Pullover hervor.

»Hallo.« Sein kantiges Kinn war grün und rauh. »Ich bin ein bißchen schäbig.« Sein Bart lag wie Moos auf seinem Kinn. Raum und Stimmen verstummten im ersten zarten Wirbel eines aufkommenden Windes. Die Luft erbleichte vor dem kommenden Sturm, war jetzt drückend. Die Blätter kehrten weißbäuchige Seiten in das seltsame Schwefellicht. Flaggen der Verwüstung. Hieß es in seinem Gedicht.

»Flick die Verwüstung.« Aber die vier Winde stiegen, losgelassen, aus der steinernen Höhle der sich drehenden Welt. Komm du, Nord. Komm du, Süd. Ost. West. Und wehe.

»Auch all ihre Zeremonie kann die Verwüstung nicht flikken.«

»Gefällt es dir?«

Der Wind schmatzte und grölte in den Stahlträgern des Weltenhauses. Gefährliches Gerüst. Wenn sie sehr vorsichtig ging. Pudding in den Knien. Sie sah den Partyraum vor ihren Augen wie eine Fotografie vom Untergang der Welt. Mick fing wieder an, mit dem Mädchen in Grün zu tanzen; Larsons Lächeln weitete sich zu einem Grinsen, so groß wie das Grinsen in Humptys Gesicht. Die Tatsachen vereinigen. Sie bewegte sich. Und sie bewegte sich in einen kleinen anderen Raum.

Eine Tür schlug zu. Die Mäntel der Leute waren haufenweise auf den Tischen zusammengesunken, abgelegte Hüllen und Gehäuse. Geister, die sich herumtrieben. Ich habe diesen Ast gewählt, diesen Raum.

»Leonard.«

»Brandy?« Leonard griff nach einem trüben Glas in dem gelblichen Waschbecken. Wundrote Flüssigkeit schoß aus der Flasche in das Glas. Dody streckte die Hände danach aus. Naß, aber absolut leer kamen sie zurück.

»Versuch's noch einmal.«

Noch einmal. Das Glas hob sich und flog, vollführte erst einen perfekten Bogen, einen hervorragenden Todessprung, an die glatte, häßlich-braune Wand. Eine Blüte aus blinkenden Funken machte plötzlich Musik und entblätterte sich in einer kristallinen Abfahrt. Leonard schob mit seinem linken Arm die Wand zurück und plazierte sie in die Lücke zwischen seinem linken Arm und seinem Gesicht. Dody erhob ihre Stimme über die aufkommenden Winde, aber sie stiegen höher in ihren Ohren. Dann, um die Kluft zu überbrücken, stampfte sie. Schließ diese vier Winde in ihre Ziegenlederbeutel ein. Stampfen. Der Boden hallte wider.

»Du bist ganz in Ordnung«, sagte Leonard. »Oder?«

»Hör zu. Ich habe diese Statue.« Augen mit Steinlidern

lächelten, bekamen Fältchen. Das Lächeln wurde zum Klotz an ihrem Bein. »Ich muß diese Statue zerstören.«

»So?«

»Also, da ist dieser Steinengel. Nur bin ich nicht sicher, ob er ein Engel ist. Dieser steinerne Wasserspeier vielleicht. Ein ekliges Ding, das die Zunge herausstreckt.« Unter Bodenbrettern rumpelten und murmelten Tornados. »Vielleicht bin ich verrückt.« Sie hörten auf mit dem Rummel, um zuzuhören. »Kannst du das?«

Statt einer Antwort stampfte Leonard auf. Stampfte den Boden heraus. Ein Stampfen, die Decke flog ins Jenseits. Er streifte ihr Haarband ab und steckte es in seine Tasche. Grüner Schatten, Moosschatten kratzte ihren Mund. Und in der Mitte des Irrgartens, im Heiligtum des Gartens, zerbrach ein Steinknabe, zersplitterte in Millionen Teile.

»Wann kann ich dich wiedersehen?« Vom Fieber geheilt, stand sie da, den Fuß triumphierend auf einem zerbeulten Steinarm. Merk dir das, mein gefallener Wasserspeier, mein Kieselprinz.

»Ich arbeite in London.«

»Wann?«

»Ich habe Verpflichtungen.« Die Wände kamen näher. Holzfasern, Glassplitter, alles an seinem Platz. »Im nächsten Raum.« Die vier Winde klangen nach Rückzug, geschlagen, heulten sie ihren Tunnel im meerumschlungenen Gürtel der Welt hinab. So hohl, hohl. Höhle im gehöhlten Stein.

Leonard beugte sich zu seinem letzten Abendessen. Sie wartete. Wartete, die weiße Wange mit ihrem Grünspanfleck im Blick, die sich ihrem Mund näherte.

Zähne schlugen. Und faßten zu. Salz, warmes Salz umspülte die Geschmacksknospen ihrer Zunge. Zähne gruben, um zu treffen. Ein Schmerz begann weit entfernt in den Kieferwurzeln. Merk dir das, merk dir das. Aber er schüttelte sie. Schüttelte sie ab mit einem Schlag gegen die massiv gewordene Wand. Zähne schlossen sich über dünner Luft. Kein Wort, nur ein schwarzer Rücken, der sich entfernte und kleiner, kleiner wurde in einer plötzlich aufgesprungenen Tür. Holzfasern fügten sich zusammen, ebneten sich zu Fußbodendielen, rückten die Welt zurecht. Die falsche Welt. Luft floß, füllte die Höhle, die seine Gestalt hinterlassen hatte. Aber überhaupt nichts füllte die Höhle in ihrem Auge.

Durch die halboffene Tür drang Kichern, Flüstern. Auf rauchbeladener Luft, die im Türspalt abriß, kam Hamish, aufmerksam, hinter einer glänzenden rosa Gummimaske.

»Bist du in Ordnung?«

»Natürlich bin ich in Ordnung.«

»Ich hole deinen Mantel. Wir gehen jetzt.« Hamish ging wieder hinaus. Ein kleiner Junge mit Brille und einem senffarbenen Anzug rannte durch ein Loch in der Wand Richtung Toilette. Er musterte sie, wie sie dastand, an die Wand gedrückt, und sie spürte, daß ihre Hand, die auf ihren Lippen lag, plötzlich zuckte wie bei einem Spastiker.

»Kann ich dir irgend etwas bringen?« In seinen Augen flackerte es merkwürdig auf, ein Flackern, wie es die Leute haben, wenn sich das Blut eines Verkehrsunfalls ansammelt und verschwenderisch über das Pflaster plätschert. Wenn sie zum Gaffen kamen. Eine neugierige Arena von Augen.

»Meine Handtasche«, sagte Dody ruhig. »Ich habe sie hinter den Vorhang auf das erste Fensterbrett gelegt.«

Der Junge ging hinaus. Hamish erschien mit ihrem roten Mantel, der schwarze Talar hing wie ein Fetzen Trauerflor herunter. Gehorsam schlupfte sie hinein. Aber ihr Gesicht brannte, gehäutet, ungeschminkt.

»Gibt es hier einen Spiegel?«

Hamish zeigte ihn ihr. Ein trübes, gesprungenes Rechteck aus Glas hing über dem ehemals weißen Waschbecken, das nun von hundert Jahre altem Erbrochenen und Laugenflecken vergilbt war. Sie lehnte sich vor, und ein erschöpftes, bekanntes Gesicht mit leeren braunen Augen und einer genähten braunen Narbe auf der linken Wange schwamm ihr durch den Nebel entgegen. Es gab keinen Mund in dem Gesicht: Die Stelle, wo er sein sollte, hatte die gleiche blasse Farbe wie die übrige Haut, seine Form zeichnete sich wie bei einer verpfuschten Skulptur nur durch die Schatten unter den erhabenen und geschwollenen Stellen ab.

Der Junge stand neben ihr und hielt eine Handtasche aus zerkratztem braunen Leder hoch. Dody nahm sie. Mit einer roten Lippenstiftpatrone folgte sie dem Umriß des Mundes und ließ die Farbe zurückkehren. Danke, lächelte sie mit ihrem neu leuchtenden roten Mund dem Jungen zu.

»Paß jetzt auf mich auf«, erklärte sie Hamish. »Ich habe mich ziemlich mies benommen.«

»Du bist in Ordnung.« Aber die anderen würden das nicht so sagen.

Hamish stieß die Tür auf. Hinaus in den Raum. Keiner starrte: ein Kreis von Rücken, abgewandte Gesichter. Klaviermusik untermalte noch immer die Gespräche. Die Leute lachten jetzt sehr. Neben dem Klavier kauerte Leonard und hielt ein weißes Taschentuch an seine linke Wange. Die große, blasse Dolores-Cheryl-Iris mit den Tigerlilien-Sommersprossen neigte sich ihm zu, um ihm das Blut abzutupfen. Ich war das, informierte Dody die taube Luft. Aber die Verpflichtung war im

Weg, grinsend. Verpflichtungen. Wasser und Seife würden bestimmt eine Woche lang den Kreis aus Löchern nicht abwaschen können. Dody Ventura. Merkt euch den Namen. Merkt euch das.

Durch Hamish, fürsorglich, überhaupt nicht böse, kam sie bis zum Ausgang, ohne daß ein Stein geworfen wurde. Sie wollte nicht gehen, aber sie ging. Auf dem Weg die enge Treppe hinunter kam ihr Adeles Gesicht, umrahmt von glänzendem blonden Haar entgegen, offen und ehrlich und unantastbar wie eine Seerose. Dieses helle Blond, ganz Keuschheit, ganz keusch in sich selbst verschlossen. Vielmännerei, doch jungfräulich, ihre bloße Erscheinung war schon eine Rüge, wie die stille Anwesenheit einer Nonne. Oswald schob sie hoch, und hinter ihm marschierte der große, linkische und depressive Atherton. Oswald, das klebrige Haar über seinen fliehenden Neandertalkopf gebürstet, um die sich ausweitende, glänzende Fläche zu verdecken, starrte Dody durch seine Schildpattbrille an.

»Erzähl uns etwas über Knochenstruktur, Dody.« Sie sah klar im noch ungebrochenen Licht den Moment vor sich, wo die drei zusammen in den Raum eintraten, randvoll mit dem, was sie getan hatte, Versionen und Variationen über das Thema ihrer Tat, die sie bis morgen zeichnen würde, wie die braune Narbe auf ihrer Wange, in allen Colleges und in der ganzen Stadt. Mütter würden am Market Hill stehenbleiben und sie ihren Kindern zeigen: »Da ist das Mädchen, das den Jungen gebissen hat. Er starb einen Tag darauf.« Hört, hört, werden die Hunde bellen.

»Das war letzte Woche.« Dodys Stimme krächzte hohl, wie vom Grund eines unkrautüberwucherten Brunnens. Adele lächelte weiter ihr selbstloses, sublimes Lächeln, weil sie bereits wußte, was sie in dem Raum finden würde: kein Sammelsurium von Verhältnissen, die von den Sternen geschickt waren, sondern ihre erwählten Freunde und Larson, ihren besonderen Freund. Wer würde ihr alles erzählen und das Gerede über die Geschichte in Gang halten, verändern und die Farben wechseln wie ein Chamäleon wegen einer verschmutzten und finsteren Umgebung.

Dody trat an die Wand zurück und ließ Adele, Oswald und Atherton an ihr vorbei die Treppe hinaufsteigen, in den Raum, den sie verlassen hatte, zu dem roten Kreis von Zahnabdrücken und Leonards Verpflichtung. Kalte Luft traf sie, schnitt ihr in die Beine. Aber es kamen keine Gesichter, die sie erkannten, keine Finger, die tadelnd auf sie zeigten. Blinde Ladenfronten und blicklose Gassenmauern sagten: Tröstet euch, tröstet euch. Schwarze Himmelsräume sprachen von der Größe, der Gleichgültigkeit des Universums. Grünende Sternspitzen erzählten ihr, wie wenig es sie kümmerte.

Jedesmal, wenn Dody zu einem Laternenpfahl Leonard sagen wollte, sagte sie Hamish, weil Hamish die Führung übernommen hatte, sie wegführte, sicher, wenn auch beschädigt und mit inneren Verletzungen, aber jetzt sicher, durch die namenlosen Straßen. Irgendwo aus dem dunklen, heiligen Bauch der Great St. Mary's oder tief, tiefer aus der Stadt schlug eine Glocke. Dong.

Schwarze Straßen, bis auf die dünnen Lichtstreifen der Hauptkreuzungen. Alle Stadtbewohner im Bett. Ein Spiel begann, ein Versteckspiel mit niemandem. Niemandem. Hamish postierte sie hinter einem Auto, lief allein voraus, sah vorsichtig um Ecken, kehrte dann zurück, um sie hinter sich her zu führen. Dann, vor der nächsten Ecke, hockte Dody sich wieder hinter ein Auto; der metallene Kotflügel fühlte sich wie Trockeneis an, das ihre Haut magnetisch anzog. Hamish verließ sie wieder, lief voraus, schaute um die Ecke, kam zurück und sagte, daß soweit alles sicher sei.

»Die Aufseher«, sagte er, »werden nach mir Ausschau halten.«

Ein feuchter Nebel stieg auf und wogte um ihre Knie, ließ die Häuser und die kahlen Bäume zu Flecken verschwimmen; eine Nebelschwade färbte sich phosphorblau im Licht des hohen, klaren Mondes, setzte ihr dramatisches Segel aus pelzigem, blauem Dunst mal hierhin, mal dahin, auf einen Ahorn, auf eine Gartenhütte. Nach den schwarzen Gassen, der Kreuzung an der Trumpinton Street, unter den geschwärzten rauhen Mauern des Pembroke College vorbei, an dem Friedhof zur Rechten, über dessen schiefe Steine Schnee in weißen Flecken trieb und dunkle Flecken dort waren, wo man Erde sah, kamen sie zur Silver Street. Mutiger gingen sie jetzt am hölzernen Fensterrahmen des Metzgers vorbei, dessen klinisch weiße Jalousie all die an den Hinterfüßen aufgehängten Schweine und die Ladentische voll gefleckter Schweinswürste und purpurroter Nieren verdeckte. Am verschlossenen Tor des Queen's College sah man im Mondlicht fünf Jungen in schwarzen Talaren umherschlendern. Einer fing an zu singen:

A-las, my love, you do me wrong.

»Warte.« Hamish postierte Dody in eine Ecke außerhalb des mit Eisenspitzen versehenen Tors. »Du wartest, und ich suche eine gute Stelle, um dich herüberzubringen.«

To cast me off dis-courteously.

Die fünf Jungen umringten Dody. Sie hatten überhaupt keine Gesichtszüge, nur blasse, durchscheinende, gesichtsähnliche Monde, so daß sie sie nie wiedererkennen würde, und ihr Gesicht fühlte sich ebenfalls wie ein konturenloser Mond an. Im Tageslicht würden die Jungen sie nicht erkennen.

»Was tust du hier?«

»Geht es dir gut?«

Die Stimmen flüsterten, fledermausgleich, über ihr Gesicht, ihre Hände.

»Mmh, du riechst gut.«

»Dieses Parfüm.«

»Laß dich küssen.«

Ihre Stimmen, sanft und leicht wie Papierschlangen, sanken, berührten sie sanft, wie Blätter, wie Flügel. Stimmen mit Spinnwebflügeln.

»Was tust du hier?«

Den spitzen Zaun im Rücken, starrte Dody auf das weiße Schneefeld hinter den sichelförmig angeordneten, dunklen Gebäuden des Queen's College und auf die bläulichen Nebelschwaden, die taillenhoch über den Schnee flossen; sie wich nicht. Und die Jungen zogen sich zurück, weil Hamish auftauchte, und kletterten einer nach dem anderen über den spitzen Zaun. Dody zählte. Drei. Vier. Fünf. Schläfrig Schafe zählen. Sie hielten sich am Metallgitter fest, schwangen sich über die scharfen, schwarzen Spitzen hinunter auf das Gelände des Queen's College, wo sie sturzbetrunken und taumelnd über den verkrusteten Schnee schlichen.

»Wer war das?«

»Nur ein paar verspätete Jungs, die in den Hof wollten.« Die Jungen waren jetzt alle auf der anderen Seite und entfernten sich über die gewölbte Brücke, die den schmalen, grünen Fluß kreuzte, die Brücke, die Newton einst ohne Bolzen zusammengesetzt hatte.

»Wir steigen über die Mauer«, sagte Hamish. »Sie haben eine gute Stelle gefunden. Nur darfst du nicht reden, bis wir drin sind.«

»Ich kann da nicht rübersteigen. Nicht mit diesem engen Rock. Die Spitzen werden meine Hände durchbohren.«

»Ich helfe dir.«

»Aber ich werde hinfallen.« Trotzdem zog Dody ihren Tweedrock bis zu den Schenkeln hoch, bis zum Ende ihrer Nylonstrümpfe, und setzte einen Fuß auf die Mauer. Mut, nur Mut. Sie hob ihr linkes Bein über die Eisenspitzen, wo sie am niedrigsten waren, aber die schwarzen Spitzen verfingen sich und stachen durch ihren Rock. Hamish half ihr, aber sie saß fest, schwankend, ein Bein über den Spitzen. Würde es weh tun, würde sie vielleicht sogar bluten? Denn die Eisenspitzen würden sich in ihre Hände bohren, die so kalt waren, daß sie sie nicht mehr spürte. Und dann war Hamish plötzlich auf der Innenseite des Zauns, formte mit seinen Händen einen Steigbügel, in den sie treten sollte, und ohne zu argumentieren oder zu denken trat sie einfach hinein, drehte sich mit den Händen an den Eisenspitzen um die eigene Achse, und die Spitzen schienen sich mitten durch die Hände zu bohren.

»Meine Hände«, sagte sie, »sie werden bluten...«

»Pst!« Hamish legte ihr die Hand auf den Mund. Er blickte zu dem dunklen Eingang des halbmondförmigen Innenhofs hinüber. Die Nacht war still, und der Mond, weit oben in seinem Mantel aus geborgtem Licht, zeigte ihr einen runden O-Mund, ihr, Dody Ventura, die um drei Uhr morgens in den Hof vom Queens' geraten war, weil es keinen anderen Ort gab, wohin man gehen konnte, weil es eine Station auf dem Weg war. Ein Platz zum Aufwärmen, weil ihr sehr kalt war. Verschwendet, verschwendend, ihr Blut verbraucht, um den Kreis von Zahnabdrücken auf Leonards Wange zu röten, und sie, eine blutleere Hülse, in der Hölle treibend zurückgelassen. Hier, mit Hamish.

Dody ging Hamish nach, fuhr mit den Fingern über die rauhe Backsteinoberfläche des Gebäudes, bis sie den Eingang erreicht hatten. Hamish hatte keinen Grund, sich so unauffällig und leise zu bewegen, denn kein Laut war zu hören; es gab nur die große Schneestille und die Stille des Mondes und den leisen Atem von Hunderten von Queens'-Männern, die im tiefen Morgenschlaf lagen. Die erste Treppenstufe knarrte, obwohl sie ihre Schuhe ausgezogen hatten. Die nächste war still. Und auch die nächste.

Ein Zimmer nur für sich. Hamish schloß die schwere Eichentür hinter ihnen, dann die dünne Innentür und brannte ein Streichholz an. Abrupt war das große Zimmer erleuchtet, mit seiner dunklen, speckigen, rissigen Ledercouch, den dicken Läufern und der vollen Bücherwand.

»Geschafft. Ich bin in der guten Stube.«

Hinter der Holzvertäfelung knarrte ein Bett. Man hörte einen erstickten Seufzer.

»Was ist das? Ratten?«

»Keine Ratten. Mein Zimmergenosse. Er ist in Ordnung...« Hamish verschwand und das Zimmer mit ihm. Ein weiteres Streichholz ratschte, und das Zimmer kehrte zurück. Hamish, in der Hocke, drehte den Gasbrenner für den Heizofen auf. Das zischende Geräusch entzündete mit einem sanften Wusch ein blaues Licht, und die dicht nebeneinanderstehenden Gasflammen hinter dem weißen Asbestgitter warfen flakkernde Schatten auf die große Couch und die schweren Sessel.

»Mir ist so kalt.« Dody saß auf dem Läufer vor dem Feuer, das Hamishs Gesicht gelblich statt rosa färbte und seinen blassen Augen etwas Dunkles gab. Sie rieb ihre Füße, stellte die roten Schuhe, die schwarz aussahen, hinter das Gitter vor dem Feuer. Ihre Schuhe waren innen völlig durchnäßt, sie spürte die

Feuchtigkeit an ihren Fingern, aber nicht die Kälte, nur den betäubenden Schmerz in ihren Zehen, als sie sie rieb, das Blut wieder in sie hineinrieb.

Hamish drückte ihre Schultern nach hinten, ihre Haare breiteten sich auf dem Läufer aus, kringelten sich um die langen, dichten Teppichschlingen, aus denen ihr der Geruch von Schuhleder und uraltem Tabak in die Nase stieg. Was ich tue, sollte ich nicht tun. In der Hölle brennt man eigentlich nicht. Hamish küßte ihren Mund, und sie spürte seinen Kuß. Nichts regte sich. Träge lag sie da und starrte an die hohe Decke, die von dunklen Holzbalken gekreuzt wurde, hörte, wie sich Generationen von Würmern darin bewegten, sie mit unzähligen Gängen und kleinen, wurmgroßen Labyrinthen durchlöcherten, und Hamish lag mit seinem Gewicht auf ihr – so war es warm. Wenn mich niemand braucht, bin ich überflüssig, werde ich nicht sein. (Es ist einfach, wenn auch nicht heldenhaft, durchzuhalten.)

Und schließlich lag Hamish einfach nur da, mit seinem Gesicht an ihrem Hals, und sie fühlte seinen ruhiger werdenden Atem.

»Bitte schimpf mit mir.« Dody lauschte ihrer Stimme, die fremd und gepreßt klang, weil sie auf dem Rücken am Boden lag, wegen der Stirnhöhlenvereiterung, wegen des Whiskys. Ich habe genug von beschrifteten Statuen. In einer grauen Welt brennen keine Feuer. Gesichter tragen keine Namen. Leonards können nicht sein, weil Leonards nicht leben: Leonard ist kein Name.

»Wofür?« Hamishs Mund bewegte sich an ihrem Hals, und sie hatte wieder das Gefühl, einen unnatürlich langen Hals zu haben, der ihren Kopf weit entfernt von ihrem Körper nicken ließ, auf einem langen Stiel steckend wie auf der Zeichnung von

Alice, deren Kopf, nachdem sie den Pilz gegessen hatte, auf seinem Schlangenhals über die Blätter der Baumwipfel ragte. Eine Taube flog auf, schimpfend. Schlangen, Schlangen. Wie soll ich die Eier beschützen?

»Ich bin eine Schlampe«, hörte Dody ihre Stimme aus der Puppenschachtel in ihrer Brust verkünden, und sie hörte ihr zu und überlegte, welche seltsamen Dinge sie wohl als nächstes sagen würde. »Ich bin eine Hure«, sagte sie ohne Überzeugung.

»Nein, das bist du nicht.« Hamish machte einen Kußmund an ihrem Hals. »Aber ich hoffe, du hast deine Lektion gelernt. Ich habe dir von ihnen erzählt, und du solltest deine Lektion gelernt haben.«

»Ich habe sie gelernt«, log die dünne Stimme. Aber Dody hatte ihre Lektion nicht gelernt, es sei denn, es wäre die Lektion über diese Hölle, in der niemand verletzt wurde, weil niemand einen Namen annahm, an dem man die Verletzung wie eine zerbeulte Dose festbinden konnte. Namenlos erhebe ich mich. Namenlos und unbefleckt.

Die nächste Etappe ihrer Reise rückte bedrohlich näher: sicher durch die Tür von Arden zu kommen und dann ohne knarrende Stufen hinauf in ihr Zimmer. Keine aufgeregte Miss Minchell, die auf dem Absatz zwischen der ersten und zweiten Treppe wütend in ihrem roten Flanellbademantel aus ihrem Zimmer stürzt, mit einem schwarzgrauen Zopf, der ihr, aus dem Knoten gelöst, gerade den Rücken hinab bis zum Hintern hängt, und niemand sieht sie. Niemand erfuhr, daß Miss Minchells Haar, wenn sie den Knoten löste, ihr bis zum Hintern reichte. Eines Tages, in einigen Jahren, wird es ein fregattengrauer Zopf sein, der ihr dann wahrscheinlich bis in die Kniekehlen hing. Und wenn er den Boden erreicht hat, wird er schneeweiß sein. Weiß wird er all seine Weiße an die Luft verschwenden.

»Ich gehe jetzt.«

Hamish stand mühsam auf, und Dody blieb unentschlossen liegen, fühlte die warme Stelle, wo er gelegen hatte, den warmen Schweiß, der an der kühlen Luft trocknete und abkühlte, durch ihren Pullover. »Du hältst dich genau an meine Anweisung«, sagte Hamish. »Sonst kommen wir hier nie raus.«

Dody zog ihre mit Bändern verzierten Schuhe an, die vom Feuer so heiß geworden waren, daß sie sich die Fußsohlen verbrannte.

»Willst du wieder über die Eisenspitzen klettern? Oder sollen wir's mit dem Bach versuchen?«

»Dem Bach?« Dody sah zu Hamish hoch, der über ihr stand, warm und kräftig wie ein Pferd, das das Heu in seinem Stall riecht. »Ist er tief?« Es hätte Larson oder Oswald oder sogar Atherton sein können, der da stand, der mit angenehmer, Pferden eigener Wärme zur Verfügung stand. Unsterbliche Pferde, denn eines ersetzt das andere. Und somit war alles geregelt, in einer Ewigkeit von Pferden.

»Tief? Er ist zugefroren. Ich würde es sowieso erst ausprobieren.«

»Dann den Bach.«

Hamish ließ Dody an der Tür stehen. Erst öffnete er die innere Tür, dann, nachdem er durch den Spalt gespäht hatte, die äußere. »Du wartest hier.« Er drückte sie gegen den Türrahmen.

»Wenn ich ein Zeichen gebe, dann komm.«

Stufen knarrten leicht unter seinem Gewicht, dann, nach einer Pause, flammte ein Streichholz auf, beleuchtete den Eingang, die Struktur des Holzes, dem Geisterhände eine mattglänzende Patina gegeben hatten. Dody begann hinabzusteigen. Wie wir uns immer wieder von uns entfernen und zurückkehren, niemals vereinigen, niemals erstarren in den perfekten Haltungen unserer Träume. Auf Zehenspitzen, die rechte Hand am Geländer, schlich Dody abwärts. Sie hatte das Gefühl, als ob sich der gesamte Queens'-Komplex zur Seite neigte und wieder aufrichtete und wieder neigte, wie ein Schiff, das sich auf hoher See in den Wellen wiegt. Ein Splitter stach in ihren Zeigefinger, aber sie ließ ihre Hand auf dem Geländer weitergleiten. Ohne zu zucken. Hier. Schlag zu. Der Splitter brach ab, war mit einem kleinen bohrenden Schmerz in ihren Finger gebettet. Hamish schob sie in die dunkle Nische des Eingangs, eine Schneiderpuppe.

»Warte«, flüsterte er, und das Flüstern sauste die Treppe hinauf, wand sich um das Geländer, wo vielleicht jemand auf dem nächsten Absatz stand, argwöhnisch, lauschend, mit Taschenlampe und Dienstabzeichen. »Ich gebe Zeichen, wenn alles klar ist, und dann rennst du wie der Teufel. Auch wenn jemand hinterherkommt, rennst du, denn wir werden über den Bach und auf der anderen Straßenseite sein, bevor sie uns einholen können.«

»Was ist, wenn sie dich erwischen?«

»Sie werden mich höchstens rausschmeißen.« Hamish ließ das Streichholz fallen. Er trat es mit dem Fuß aus. Die kleine gelbe Welt verschwand, und der Hof erstrahlte groß und leuchtendblau im Mondlicht. Hamish trat hinaus, seine dunkle Gestalt zeichnete sich scharf gegen den Schnee ab, eine Pappsilhouette, die sich bewegte, kleiner wurde, mit der Dunkelheit der Büsche am Ufer des Baches verschmolz.

Dody beobachtete ihn, hörte ihren Atem, den Atem eines nichtssagenden Fremden, bis die dunkle Gestalt sich aus dem

Gebüsch löste. Sie sah eine Bewegung. Sie rannte los. Ihre Schuhe knirschten laut, brachen durch die verkrustete Schneedecke, jeder Schritt krachend, als ob jemand Zeitungen zusammenknüllte, eine nach der anderen. Ihr Herz klopfte, und das Blut pochte in ihrem Gesicht, und immer noch brach eine Schneekruste nach der anderen unter ihren Füßen. Sie spürte, wie der weiche Schnee wie Puder in ihre Schuhe rieselte, in den Hohlraum zwischen der Fußsohle und dem Schuh, erst trocken und dann kalt schmelzend. Keine plötzlichen Suchlichter, keine Rufe.

Hamish griff nach ihr, als sie ihm entgegenstolperte, und einen Moment blieben sie bei der Hecke stehen. Dann bahnte er sich einen Weg durch das harte, dichte Gebüsch, hielt ihr die Äste zur Seite, und sie folgte ihm, vorsichtig einen Fuß vor den anderen setzend, trat auf niedrige Äste, zerkratzte und schürfte sich ihre Beine an kleinen Zweigen auf. Sie waren am Ufer des Baches angekommen, und die Hecke schloß hinter ihnen ihr Tor aus Dornen, dunkel, ungebrochen.

Hamish rutschte, bis zu den Knöcheln im Schnee, den Abhang hinunter und streckte ihr die Hand hin, damit sie nicht fiel. Das schneebedeckte Eis trug sie, aber bevor sie das andere Ufer erreicht hatten, begann es tief unter ihnen zu rumoren und zu knacken. Unbeschadet sprangen sie auf der anderen Seite an Land und begannen, die steile rutschige Böschung hinaufzukriechen. Als ihre Füße den Halt verloren, zogen sie sich mit den Händen nach oben, mit ihren Händen, die voller Schnee waren und deren Finger brannten.

Über das Schneefeld zur leeren, breiten Queen's Road, die jetzt ohne die donnernden Lastwagen und Marktautos ruhig dalag, liefen sie Hand in Hand, sagten kein Wort. Eine Uhr schlug laut und klar in der rötlichen Stille. Dong, dong. Und dong. Newnham Village schlummerte hinter blankgeputzten Fenstern, eine Spielzeugstadt, errichtet aus blassen, orangerosa Sahnebonbons. Niemand begegnete ihnen.

Licht brannte über dem Eingang, keins im Haus. Arden stand dunkel in dem schwachen blauen Spülicht des untergehenden Mondes. Wortlos steckte Dody den Schlüssel ins Schloß, drehte ihn herum und drückte die Klinke nach unten. Mit einem Klicken öffnete sich die Tür zur pechschwarzen Eingangshalle, in der es bis auf das dumpfe Ticken der sargförmigen Uhr still war, weil man das Atmen der schlafenden Mädchen nicht hörte. Hamish beugte sich zu ihr hinunter und drückte seine Lippen auf ihren Mund. Ein Kuß, der nach schalem Heu schmeckte und ihre Gesichter unbewegt ließ.

Die Tür schloß ihn aus. Ein Maultier, das nicht trat. Sie ging zur Speisekammer direkt vor Mrs. Guineas Räumen und öffnete die Tür. Der Geruch von Brot und kaltem Speck stieg ihr in die Nase, aber sie war nicht hungrig. Sie tastete nach unten, bis ihre Hand das kühle Glas einer Milchflasche fühlte. Mit den Schuhen, dem schwarzen Talar und ihrem Mantel in der einen, der Milchflasche in der anderen Hand stieg sie die schwarzen Stufen hinauf. Erschöpft, aber klaren Kopfes legte sie sich die Lügen zurecht, die sie erzählen würde, falls nötig. Daß sie in Adeles Zimmer gewesen war, bis spät in der Nacht mit ihr geredet hätte und gerade jetzt erst hochginge. Aber dann fiel ihr, immer noch absolut gelassen, ein, daß sie nicht im Ausgangsbuch nachgesehen hatte, ob Adeles Rückkehr eingetragen war. Vielleicht hatte Adele auch ihre Abwesenheit gar nicht eingetragen, so daß man nichts wußte, es sei denn, sie ging zu Adeles Tür, um herauszufinden, ob sie wirklich zurück war. Aber Adeles Zimmer war im ersten Stock, und dazu war es jetzt zu spät. Und dann fiel ihr ein, weshalb sie Adele sowieso nicht sehen wollte.

Als Dody das Licht anschaltete, drängte sich das Zimmer ihr zum Gruß entgegen, hieß sie strahlend willkommen. Der grasgrüne Teppich und die beiden Schränke voller Bücher, die sie von ihrem Büchergeld gekauft hatte und möglicherweise nie lesen würde, es sei denn, sie hätte ein Jahr lang nichts zu tun, als dazusitzen mit verschlossener Tür und Essen, das mit einem Flaschenzug hochgehievt war, dann würde sie sich vielleicht da durchlesen. Überhaupt nichts, versicherte das Zimmer, ist passiert. Ich, Dody Ventura, komme genauso herein, wie ich gegangen bin. Sie ließ ihren Mantel auf den Boden fallen und ihren zerrissenen Talar. Er lag da wie ein schwarzer Fleck, wie ein Loch, ein schwarzer Eingang ins Nichts.

Vorsichtig legte Dody ihre Schuhe auf den Sessel, weil sie Miss Minchell nicht wecken wollte, die direkt unter ihr in ihren Zopf gewickelt schlief. Auf dem schwarzen, schmierigen Gasring ihres Kochers klebten ausgekämmte Haare und Sprenkel von vergangenen Make-up-Aktionen, die vor dem Spiegel auf dem Kaminsims stattgefunden hatten. Mit einem Kleenextuch wischte sie den Gasring sauber und warf das fleckige Tuch in den Weidenkorb. Das Zimmer wurde am Wochenende immer schmuddelig und nur dienstags richtig geputzt, wenn Mrs. Guinea mit dem Staubsauger und ihrem Strauß aus Besen und Staubwedeln kam.

Dody nahm ein Streichholz aus der Schachtel mit dem Schwanenbild, die auf dem Boden neben dem Gaszähler mit den zahllosen Zifferblättern und schwarzweiß gestanzten Nummern lag. Sie zündete den Gasofen an und dann den Gasbrenner, sein Flammenkreis züngelte blau nach ihrer zurückweichenden Hand, schnellte hoch, um sie zu versengen. Sie blieb einen Moment da hocken, ganz davon in Anspruch genommen, den Splitter aus ihrer rechten Hand zu entfernen, wo er sich in eine kleine Fleischtasche gegraben hatte und dunkel durch die transparente Hautschicht zu sehen war. Mit Daumen und Zeigefinger der linken Hand preßte sie die Haut zusammen und drückte die Spitze des Splitters heraus, nahm ihn zwischen ihre Fingernägel und zog langsam, bis er draußen war. Dann stellte sie den kleinen, verbeulten Aluminiumtopf auf den Gasbrenner, goß die Milch hinein und setzte sich mit gekreuzten Beinen auf den Boden. Die Strumpfränder drückten sich tief in ihre Schenkel, weshalb sie wieder aufstand und ihren Hüfthalter wie eine Orangenschale samt Strümpfen nach unten pellte. Die Strümpfe waren von den Zweigen im Gebüsch vor Queen's hoffnungslos zerfetzt. Und sie setzte sich im Unterrock wieder hin, schaukelte sanft vor und zurück, ihr Kopf leer und ruhig, die Arme um die Knie geschlungen, die Knie an die Brust gedrückt, bis am Rand des Milchtopfes Blasen aufstiegen. Dann setzte sie sich in den grünbezogenen Sessel und nippte die Milch aus dem holländischen Keramikbecher, den sie in ihrer ersten Woche in London in der New Compton Street erstanden hatte.

Die Milch verbrannte ihre Zunge, aber sie trank sie aus. Und sie wußte, daß die Milch ihren Körper morgen nicht verlassen würde, daß nicht die ganze Milch wie ein Splitter zu entfernen war, sie würde bleiben, um Teil ihrer selbst zu werden, kunstvoll mit ihr verschlungen. Dody. Dody Ventura. Und dann, allmählich, bei diesem Gedanken, sammelten sich in ihrem Kopf alle Ursachen und Wirkungen ihrer Worte und Taten, langsam, wie schleichende Entzündungen. Der Kreis von Zahnabdrükken hing seinen Kranz aus blutenden Rosen hinaus, um Dody Ventura anzuklagen. Und die nicht mehr rückgängig zu machenden Minuten mit Hamish konnte sie nicht ausstechen wie Disteln, sondern sie blieben an ihr hängen, krallten sich fest. Keiner Hölle namenloses Lamm war sie. Sondern befleckt, gezeichnet von allen Worten und Taten aller Dodys vom ersten Schrei an. Dody Ventura. Sie sah es. Wo war die Person, der sie sagen konnte: Dody Ventura bin ich?

Der oberste Stock von Arden antwortete nicht, sondern lag totenstill in der schwarzen Dämmerung. Nichts Äußerliches konnte sie tief genug verletzen, daß es dem innersten Mal gleichkam: ein siamesischer Zwillingskreis von Zahnabdrükken, ein würdiges Symbol für Verlust. Ich habe gelebt: das eine Mal. Jetzt muß ich mein Bündel schultern, die Last meines toten Selbst, bis ich wieder einmal lebe.

Barfuß zog Dody ihren weißen Nylonunterrock aus, ihren Büstenhalter und ihren Schlüpfer. Es knisterte vor Elektrizität, als sich die warme Seide von ihrer Haut löste. Sie löschte das Licht und verließ die Flammenwand und den Flammenring, um zu dem schwarzen Fensterviereck zu gehen. Dody rieb ein rundes Guckloch in die beschlagene Scheibe und spähte hinaus in den Morgen, der jetzt in einem seltsamen Niemandslandlicht zwischen Monduntergang und Sonnenaufgang dalag. Kein Ort. Nirgends. Aber irgendwo in Falcon Yard fielen die Scheiben der diamantenverglasten Fenster in gezackten Scherben auf die Straße, die im Fall das Licht der einzigen Lampe einfingen. Krachen. Splittern. Klirren. Füße in Stiefeln zertreten die ehrwürdigen Scheiben vor der Dämmerung.

Dody löste den Haken am Fenster und stieß es auf. Der Rahmen quietschte in seinen Angeln, flog nach hinten und schlug gegen den Giebel. Sie kniete nackt auf der zweisitzigen Couch in der Fensternische und lehnte sich weit hinaus in den toten, ausgetrockneten Garten. Sah über die kraftlosen Stengel, die

die Wurzeln der Schwertlilie bezeichneten, und die Zwiebeln der Narzissen und Osterglocken. Über die knotigen Äste des Kirschbaums und den verworrenen Laubengang des Goldregens. Über die große Verschwendung des Weltendaches unter der größeren Verschwendung des Himmels. Orion hatte seinen höchsten Punkt erreicht und stand über Arden, seine goldenen, unvergänglichen Glieder blitzten in der kalten Luft. Er sprach wie immer. Seine geistreichen Worte über die unermeßliche Verschwendung von Raum. Raum, verkündete er, wo die Miss Minchells, die Hamishs, all die üblichen Athertons und die ungewollten Oswalds der Welt wieder und wieder wie Raketen im Kreis liefen und die rauchende Zündung ihres Lebens in der Hölle der Lieblosigkeit verplemperten. Und die große Leere der Welt flickten sie mit Vier-Uhr-Tees, Plätzchen und einer klebrig-süßen Paste aus Zitronenquark und Marzipan.

Die Kälte ergriff ihren Leib wie ein Tod. Keine Faust schlug durchs Glas, kein Haareraufen, keine verstreute Asche und blutige Finger. Nur eine einzige, schwache Geste für den unzerstörbaren Steinknaben im Garten, der, ironischerweise mit Leonards Blick, auf seinem gemeißelten Fuß verharrte und sich an seinen Delphin klammerte. Augen mit Steinlidern waren auf eine Welt hinter der beschnittenen Ligusterhecke gerichtet, blickten hinter die Buchsbaumgrenzen und den geharkten Kies der engen, strengen Gartenwege. Eine Welt, in der es keine Verschwendung gab, sondern Rettung und Zärtlichkeit: eine Welt der Liebesentfacher und Liebesverfechter. Als Orion ging, seine festbestimmte Bahn zum Rand dieser unsichtbaren Welt beschritt und sein Glanz im fahlen Unterwasserlicht verblaßte, krähte der erste Hahn.

Sterne löschten ihre brennenden Strahlen vor der aufgehenden Sonne.

Dody schlief den Schlaf der Ertrunkenen.

Sah auch nicht oder ahnte nicht, wie jetzt unten in der Küche Mrs. Guinea einen neuen Tag begann. Retterin, Spenderin. Sie war keine Verschwenderin. Die Heringe in die schwarze Eisenpfanne schneidend, den fettriefenden Toast im Ofen röstend, summte sie fröhlich. Fett zischte und spritzte. Sonnenstrahlen spiegelten sich jungfräulich in den stahlgefaßten Brillengläsern, und aus ihrem Witwenbusen stieg klares Licht auf, das dem Tag seine Reinheit zurückgab.

Ihren Hyazinthen, die auf der Fensterbank in der raren, erdentrückten Scholle von Perlmuscheln knospten, versicherte Mrs. Guinea, würde ihnen immer versichern, daß es, abgesehen vom Winter, doch trotz allem ein netter, zauberhafter Tag sei.

JOHNNY PANIC UND DIE BIBEL DER TRÄUME

Jeden Tag sitze ich von neun bis fünf an meinem Schreibtisch mit dem Gesicht zur Tür und schreibe die Träume anderer Leute auf. Aber nicht nur die Träume. Das würde meinen Chefs nicht ausreichen. Ich tippe auch die alltäglichen Klagen der Leute: Ärger mit der Mutter, Ärger mit dem Vater, Ärger mit der Flasche, dem Bett, den Kopfschmerzen, die den Kopf bersten lassen und die süße Welt auslöschen, ohne daß man weiß, warum. Niemand kommt in unsere Abteilung, ohne Probleme zu haben. Probleme, die man nicht nur mit Wassermann- und Wechsler-Bellvue-Tests festmachen kann.

Vielleicht fängt eine Maus schon recht früh an, darüber nachzudenken, wie sich wohl die ganze Welt auf diesen riesigen Füßen bewegt. Also ich, aus meiner Sicht, stelle mir vor, daß die Welt sich nur aus einem Grund dreht, einem einzigen: Panik. Panik vor der Hundeschnauze, der Teufelsfratze, dem Hexenmaul, der Hurenfresse, Panik in Großbuchstaben, ohne jedes Gesicht – wachend oder schlafend, es ist immer derselbe Johnny Panic.

Wenn ich gefragt werde, wo ich arbeite, sage ich, ich sei Assistentin der Sekretärin in einer der ambulanten Abteilungen des Städtischen Krankenhauses. Das klingt so erschöpfend, daß selten jemand Genaueres wissen will, aber tatsächlich mache ich nichts anderes, als Krankenberichte abzutippen. Auf eigene Faust aber und ganz insgeheim folge ich einer Berufung, bei der die Ärzte, wenn sie es wüßten, die Ohren anlegen würden. In der Abgeschiedenheit meines Einzimmerapartments bezeichne ich mich als Sekretärin von niemand anderem, als von Johnny Panic höchstpersönlich.

Mit jedem Traum bilde ich mich weiter, um zu einer herausragenden Persönlichkeit zu werden, wirklich herausragender als alle Mitglieder des Psychoanalytischen Instituts zusammen, nämlich zu einem Traumkenner. Nicht zu einem Traumtöter, Traumdeuter, Traumausbeuter, mit dem grobpraktischen Ziel der Gesundheit und des Glücks, sondern zu einem uneigennützigen Traumsammler, um der Träume selbst willen. Ein Liebhaber der Träume, Johnny Panic zuliebe, dem Schöpfer aller Träume.

Es gibt keinen Traum, den ich für die Ablage der Krankengeschichten geschrieben habe und nicht auswendig kann. Es gibt keinen Traum, den ich nicht zu Hause in Johnny Panics Bibel der Träume übertragen habe.

Das ist meine wahre Berufung.

Nachts fahre ich manchmal mit dem Lift auf das Dach meines Apartmenthauses. Manchmal, um drei Uhr morgens. Über den Bäumen am hintersten Ende des Parks flammt die Leuchtreklame der United Fund auf, verlischt und flammt wieder auf, wie unter einem geheimnisvollen Zwang, und hier und dort sehe ich in den Backsteinklötzen ein Licht. Vor allem aber spüre ich, daß die Stadt schläft, schläft vom Fluß im Westen bis zum Meer im Osten, wie eine entwurzelte Insel, die sich im Nichts wiegt.

Ich kann so angespannt und nervös wie die E-Saite einer Geige sein, aber wenn der Himmel langsam blau wird, könnte ich einschlafen. Die Vorstellung von all den Träumenden und ihren Träumen ermattet mich derartig, daß ich in den Schlaf falle wie im Fieberrausch. Von Montag bis Freitag tue ich nichts anderes, als diese Träume abzutippen. Natürlich komme ich noch nicht mal auf einen Bruchteil der Träume, die in der Stadt geträumt werden, aber Seite für Seite, Traum für Traum werden die Sammelbände mit Krankengeschichten dicker und lasten schwerer auf den Regalbrettern des Aktenschrankes, der in dem schmalen, parallel zur Haupthalle verlaufenden Gang steht, von dem die Türen der kleinen Sprechzimmer abgehen.

Ich habe die komische Angewohnheit, alle Leute, die hereinkommen, durch ihre Träume zu identifizieren; sie prägen sich mir dadurch stärker als durch irgendwelche Vornamen ein. Dieser eine Kerl zum Beispiel, der in einer Kugellagerfabrik in der Stadt arbeitet, träumt jede Nacht, er läge auf dem Rücken und habe ein Sandkorn auf der Brust. Nach und nach wird es immer größer, bis es so groß wie ein mittleres Haus ist, und er keine Luft mehr bekommt. Von einem anderen Mann weiß ich, daß er immer denselben Traum träumt, seit man ihm als Kind unter Äthernarkose die Mandeln und die Polypen herausgenommen hat. In diesem Traum klemmt er in den Walzen einer Baumwollspinnmaschine und muß um sein Leben kämpfen.

Oh nein, er ist nicht der einzige, obwohl er das glaubt. Viele Menschen träumen heutzutage, sie würden überfahren oder von Maschinen gefressen. Das sind die Übervorsichtigen, die weder die U-Bahn noch den Lift nehmen. Wenn ich von der Mittagspause aus unserer Krankenhaus-Cafeteria zurückkomme, begegne ich denen oft, wie sie die verdreckten Steinstufen zu unserem Büro im vierten Stock hinaufkeuchen. Manchmal frage ich mich, was die Leute wohl für Träume hatten, als Kugellagerfabriken und Baumwollspinnereien noch nicht erfunden waren.

Ich habe meinen eigenen Traum. Meinen einen Traum. Den Traum aller Träume.

In diesem Traum gibt es einen großen, halb durchsichtigen

See, der sich weit überallhin ausdehnt, zu groß, um seine Ufer sehen zu können, falls es überhaupt Ufer gibt, und ich hänge darüber und sehe aus dem gläsernen Bauch einer Art Hubschrauber hinunter. Auf dem Grund des Sees – der so tief ist, daß ich sich bewegende und hebende schwarze Massen nur vermuten kann – sind die richtigen Drachen. Diejenigen, die es schon gab, bevor die Menschen begannen, in Höhlen zu leben und Fleisch über dem Feuer zu braten, und das Rad und das Alphabet erfanden. Riesig ist nicht das richtige Wort für sie; sie haben mehr Falten als Johnny Panic selbst. Träumt man zu lange von ihnen und sieht zu genau hin, werden einem Füße und Hände welk. Die Sonne schrumpft auf die Größe einer Orange, nur frostiger, und man hat das Gefühl, seit der letzten Eiszeit in Roxbury zu leben. Kein Ort für dich, aber ein Raum, so weich gepolstert wie der erste Raum deiner Erinnerung, wo du träumen und schweben kannst, schweben und träumen, bis du schließlich wieder unter die großen Urwesen zurückgekehrt bist und das Träumen überflüssig ist.

In diesen See fließen nachts die Gedanken der Menschen, und Bäche und Abwässer, wie in ein uferloses, allgemeines Sammelbecken. Es hat keinerlei Ähnlichkeit mit diesen klaren glitzerndblauen Trinkwasserquellen, inmitten von Kiefernwäldern und Stacheldrahtzäunen, die von den Vororten eifersüchtiger gehütet werden als der Hope Diamant.

Es sind die Rieselfelder aller Zeiten, wenn man von der Transparenz absieht.

Das Wasser in diesem See stinkt und dampft natürlich von all dem, was die Träume, die dort über die Jahrhunderte versumpft sind, hinterlassen haben. Wenn man sich überlegt, wieviel Platz schon für das Traumzeug einer Nacht von nur einem Menschen in einer Stadt nötig ist, und dabei ist diese Stadt nur ein Nadelstich auf der Weltkarte, und wenn man diesen Platz mit der Weltbevölkerung multipliziert, und das dann noch mit der Zahl der Nächte, die es gegeben hat, seit die Affen anfingen, Äxte aus Steinen zu hauen und ihre Haare zu verlieren, dann hat man ungefähr eine Vorstellung von dem, was ich meine. Ich hab's nicht mit der Mathematik: mir platzt schon der Schädel, wenn ich nur bis zu der Zahl der Träume komme, die in einer einzigen Nacht im Staat Massachusetts ablaufen.

Da sehe ich schon die Oberfläche des Sees von Schlangen wimmeln, Leichen, aufgebläht wie Kugelfische, menschliche Embryos, die in Laborflaschen auf- und abtanzen wie so viele unfertige Botschaften des großen ICH BIN. Ich sehe den Inhalt von Eisenwarenlagern: Messer, Papierschneidemaschinen, Kolben und Zahnräder und Nußknacker; sehe glänzende Wagenfronten mit ihren lauernden Glasaugen und Reißzähnen. Da ist dann auch der Spinnenmann und der schwimmhäutige Marsmensch und der einfache, traurige Anblick eines menschlichen Gesichts, das sich trotz Anruf und Gelübde für immer abwendet und dem allerletzten Liebhaber zu.

Die häufigste Erscheinung in diesem toten Wasser ist etwas so alltägliches, daß es fast dumm erscheint, sie zu erwähnen. Es ist ein Staubkorn. Das Wasser ist voll von diesen Körnchen. Sie sickern durch alles hindurch und kreisen mit wunderbar eigener Kraft, undurchsichtig, allgegenwärtig. Nenn das Wasser, wie du willst, Alptraumsee, Sumpf des Wahnsinns – hier liegen die schlafenden Menschen, hin und her geschleudert zwischen all dem Zeug ihrer übelsten Träume, eine große Bruderschaft, auch wenn jeder von ihnen sich im Aufwachen für einzigartig hält, für höchst einmalig.

Das ist mein Traum. Man wird ihn in keiner Krankengeschichte niedergelegt finden. Der Arbeitsablauf in unserem

Büro ist völlig anders als zum Beispiel in der Hautklinik oder bei den Tumoren. Die anderen Kliniken sind sich sehr ähnlich; keine ist wie unsere. Bei uns wird keine Behandlung verschrieben. Unsere Behandlung ist unsichtbar. Sie findet in diesen kleinen Kabinen statt, jede mit Tisch, zwei Stühlen, Fenster und einer rechteckigen Milchglasscheibe in der Holztür. Diese ärztliche Behandlung hat eine bestimmte geistige Reinheit. Ich habe einfach das Gefühl, daß meine Stellung als Assistenzsekretärin in der Erwachsenenpsychiatrie ein besonderes Privileg darstellt. Mein Stolz wird bestätigt, wenn an bestimmten Wochentagen andere Abteilungen aus Platzmangel rüde in unsere kleinen Kabinen eindringen: Unser Gebäude ist sehr alt, und die Einrichtungen haben mit den zunehmenden Bedürfnissen der Zeit nicht Schritt gehalten. An solchen Tagen der Überschneidung ist der Gegensatz zwischen uns und den anderen Kliniken besonders gravierend.

Dienstags und donnerstags haben wir zum Beispiel morgens in einem unserer Behandlungszimmer Lumbalpunktionen. Wenn die assistierende Krankenschwester zufällig die Tür des Zimmers aufläßt, was sie gewöhnlich tut, kann ich das Ende der weißen Liege sehen und die unter dem Laken herausschauenden nackten Füße mit den schmutziggelben Fußsohlen der Patienten. Obwohl ich diesen Anblick ekelhaft finde, kann ich meine Augen nicht von den nackten Füßen abwenden, und ich ertappe mich dabei, daß ich alle paar Minuten von meiner Tipperei aufsehe, um nachzuschauen, ob sie noch da sind oder ihre Lage sich verändert hat. Man kann sich gut vorstellen, wie sehr mich das mitten in der Arbeit ablenkt. Oft muß ich mir das Geschriebene mehrmals durchlesen, um mir, unter dem Vorwand, sorgsam Korrektur zu lesen, die Träume einzuprägen, die ich nach dem Tonbanddiktat des Arztes abgetippt habe.

Morgens stört auch die Nervenklinik neben uns, die sich um die gröberen, phantasieloseren Seiten unseres Geschäfts kümmert. Wir benutzen ihre Räume nachmittags für die Therapie, da dort nur morgens gearbeitet wird, aber wenn man ihre Patienten weinen oder singen oder auf Italienisch oder Chinesisch schwätzen hört, wie sie das oft ohne Unterbrechung vier Stunden lang tun, lenkt das, um es milde auszudrücken, ganz schön ab.

Trotz dieser Unterbrechungen durch die anderen Kliniken komme ich mit meiner eigenen Arbeit sehr gut voran. Inzwischen bin ich schon weit darüber hinaus, nur das abzuschreiben, was kommt, nachdem der Patient gesagt hat: »Ich hatte diesen Traum, Herr Doktor.« Ich bin so weit, daß ich Träume neu erschaffe, die noch nicht einmal niedergeschrieben sind. Träume, die in verschwommenster Weise einen äußerst blassen Schatten werfen, selbst aber verborgen sind, wie eine Statue vor der großen Enthüllung unter rotem Samt.

Zur Erläuterung. Es kam diese Frau herein, deren Zunge stark angeschwollen war und weit heraushing, so daß sie eine Party, die sie für zwanzig Freunde ihrer franko-kanadischen Schwiegermutter gegeben hatte, verlassen mußte, um in unsere Notaufnahme zu rasen. Sie dachte zwar, daß sie ihre Zunge nicht herausstrecken wollte, und es war ihr wirklich außerordentlich peinlich, aber sie haßte diese franko-kanadische Schwiegermutter wie die Pest, und ihre Zunge stand treu zu ihrem Gefühl, selbst wenn es der Rest nicht tat. Sie erhob überhaupt keinen Anspruch auf irgendwelche Träume. Ich kenne also nur die nackten, oben erwähnten Tatsachen, um zu beginnen, aber hinter ihnen entdecke ich die vielversprechende Ausbeulung eines Traums.

Also mach ich mich daran, diesen Traum aus seiner bequemen Position unter der Zunge herauszureißen.

Welchen Traum auch immer ich durch Arbeit, durch anstrengende Arbeit und sogar durch eine Art von Gebet zum Vorschein bringe – ich bin sicher, in einer Ecke den Fingerabdruck, ein tückisches Detail ganz in der Mitte, und irgendwo das körperlose, in der Luft schwebende Grinsen zu finden, was beweist, daß alles dem genialen Wirken von Johnny Panic zu verdanken ist, ihm allein. Er ist schlau, er ist gerissen, er kommt so plötzlich wie der Donner, aber nur allzuoft verrät er sich. Er kann einfach dem Melodram nicht widerstehen. Dem Melodram der ältesten, billigsten Art.

Ich erinnere mich an einen untersetzten Kerl in nietenbesetzter schwarzer Lederjacke, der geradewegs aus einem Boxkampf in der Mechanics Hall zu uns gerannt kam, und Johnny Panic war ihm hart auf den Fersen. Dieser Kerl, obwohl er streng katholisch war, jung und aufrecht und so, hatte eine furchtbare Angst vor dem Tod. Er war geradezu besinnungslos vor Angst, in die Hölle zu kommen. Er arbeitete als Akkordarbeiter in einer Neonröhrenfabrik. Ich erinnere mich an diese Einzelheit, weil ich es komisch fand, daß er dort arbeitete und trotzdem, wie sich herausstellte, solche Furcht vor der Dunkelheit hatte. Johnny Panic verleiht den Dingen in dieser Hinsicht eine poetische Note, wie man sie selten anderswo findet. Und dafür bin ich ihm ewig dankbar. Ich erinnere mich auch ziemlich genau an das Szenario des Traums, das ich für diesen Kerl ausgearbeitet hatte: Der gotische Keller eines Klosters, der sich ausdehnte, soweit das Auge reichte, eine dieser endlosen Perspektiven zwischen zwei Spiegeln, und die Säulen und Wände bestanden aus nichts anderem als aus menschlichen Schädeln und Knochen, und in jeder Nische war ein Toter aufgebahrt. Es war der Saal der Zeit mit den noch warmen Körpern im Vordergrund, mit verfärbten und halb verwesten in der Mitte, und in der Ferne leuchteten die Knochen, rein wie Gold, in einer Art weißem, phantastischem Glühen. Ich weiß noch, daß ich die ganze Szene ausleuchtete, aber, der Genauigkeit halber nicht mit Kerzen, sondern mit dem eisigen, fluoreszierenden Licht, das die Haut grün erscheinen läßt und alle rosa und roten Farben mit einem tiefschwarz-violetten Licht überzieht.

Man könnte fragen, woher ich weiß, daß dies der Traum des Kerls in der schwarzen Lederjacke war. Ich weiß es nicht. Ich glaube einfach, daß es sein Traum war, und ich arbeite an diesem Glauben mit mehr Kraft und Tränen und Flehen als an der Erschaffung des eigentlichen Traums.

Mein Büro hat natürlich seine Grenzen. Die Dame mit der raushängenden Zunge, der Kerl aus der Mechanics Hall – das sind schon unsere verrücktesten Fälle. Die Leute, die wirklich bis auf den Grund des sumpfigen Sees gesunken sind, kommen nur einmal zu uns, um dann an einen Ort überwiesen zu werden, der permanent besetzt ist, anders als unser Büro, das der Öffentlichkeit nur fünf Tage in der Woche von neun bis fünf offensteht. Sogar Leute, die kaum noch in der Lage sind, auszugehen und zu arbeiten, die noch nicht einmal halbtief im See treiben, werden in die Ambulanz eines anderen Krankenhauses geschickt, wo man auf schwerere Fälle spezialisiert ist. Oder sie bleiben etwa einen Monat lang in der Beobachtungsstation unseres Krankenhauses, die ich nie gesehen habe.

Allerdings habe ich die Sekretärin dieser Station gesehen. Irgend etwas an der Art, wie sie in der 10-Uhr-Pause in der Cafeteria sitzt, raucht und ihren Kaffee trinkt, hat mich abgestoßen, so daß ich mich kein zweites Mal neben sie gesetzt habe. Sie hat einen komischen Namen, den ich mir nicht genau merken kann, etwas wirklich Verrücktes, so wie Miss Milleravage. Einer dieser Namen, der mehr wie ein Wortspiel aus Milltown und Ravage klingt als nach irgend etwas aus dem städtischen Telefonbuch. Aber so merkwürdig dann auch wieder nicht, wenn man sich mal durch das Telefonbuch, mit all den Hyman Diddlebockers und Sasparilla Greenleafs liest. Ich habe einmal das ganze Telefonbuch durchgelesen, keine Ahnung, wann das war, und es befriedigte ein tiefes Bedürfnis in mir, als mir klar wurde, wie viele Menschen nicht Smith heißen.

Diese Miss Milleravage ist jedenfalls eine stämmige Frau, nicht fett, sondern ein Muskelpaket und dazu noch groß. Ihre kräftige Gestalt steckt in einem grauen Kostüm, das mich schwach an eine Art Uniform erinnert, ohne daß einzelnes am Schnitt etwas besonders Militärisches hätte. Ihr Gesicht, stattlich wie das eines Ochsen, ist voll von einer bemerkenswerten Anzahl winziger Flecken, als ob sie einige Zeit unter Wasser gelegen wäre und kleine Algen sich als braune und grüne Sprenkel an ihrer Haut festgesetzt hätten. Diese Leberflecken fallen besonders ins Auge, weil die Haut drumherum so bleich ist. Ich frage mich manchmal, ob Miss Milleravage jemals das gesunde Tageslicht gesehen hat. Und ich wäre kein bißchen überrascht, wenn sie von der Wiege an ausschließlich im Genuß von künstlichem Licht großgeworden wäre.

Byrna, die Sekretärin der Alkoholikerabteilung, uns direkt gegenüber, stellte mich Miss Milleravage mit der Eröffnung vor, ich sei »auch in England gewesen«.

Wie sich herausstellte, hatte Miss Milleravage die besten Jahre ihres Lebens in Londoner Krankenhäusern verbracht. »Hatte da eine Freundin«, dröhnte sie mit ihrem merkwürdigen Hundebaß, ohne mich eines direkten Blickes zu würdigen, »eine Krankenschwester im Barts-Hospital. Habe nach dem Krieg versucht, mit ihr Verbindung aufzunehmen, aber die Oberschwester war neu, alle waren neu, niemand hatte von ihr gehört. Sie wird wohl zusammen mit der alten Oberschwester, den Trümmern und allem in den Bombenangriffen umgekommen sein.« Diesem Satz folgte ein breites Grinsen. Ich hab mal Medizinstudenten beim Leichensezieren beobachtet, vier Leichen pro Klasse, die mit Menschen etwa soviel gemein hatten wie Moby Dick, und die Studenten spielten mit den Lebern der toten Männer Fangen, und ich hörte, wie sich die Kerle darüber lustig machten, daß sie auf der Armenstation eine Frau nach der Entbindung falsch zugenäht hatten. Aber ich möchte wirklich nicht wissen, was Miss Milleravage als den größten Witz des Jahrhunderts bezeichnen würde. Nein, danke, darauf kann ich gut verzichten. Wenn man ihr die Augen mit einer Nadel auskratzen würde, ich schwöre, man würde auf soliden Quarz stoßen.

Meine Chefin hat auch Sinn für Humor, aber ihrer ist gütig. Großherzig wie der Weihnachtsmann am Heiligen Abend. Ich arbeite für Miss Taylor, eine Dame mittleren Alters, die Chefsekretärin der Abteilung ist, und dies, seit die Abteilung vor dreiunddreißig Jahren eröffnet wurde – verrückterweise in meinem Geburtsjahr. Miss Taylor kennt alle Ärzte, alle Patienten, alle längst überholten Terminzettel, Aktennotizen und Rechnungsverfahren, die das Krankenhaus jemals verwendet hat oder verwenden wollte. Sie will im Krankenhaus bleiben, bis sie ihr Gnadenbrot auf den grünen Weiden der Altersversicherung fressen kann. Ich habe noch nie jemand gesehen, der sich seiner Arbeit derart verschrieben hat wie sie. Was mir die Träume sind, ist für sie die Statistik: Wenn das Gebäude in Flammen stünde, würde sie den Feuerwehrleuten auch noch den letzten Ordner mit Statistiken hinunterwerfen, selbst, wenn sie dabei ihre Haut riskierte.

Miss Taylor und ich kommen blendend miteinander aus. Das

einzige, wobei ich mich nie erwischen lasse, ist das Lesen der alten Krankengeschichten. Ich habe auch wirklich wenig Zeit dazu. In unserem Büro geht es schlimmer zu als auf der Börse: Mit den fünfundzwanzig angestellten Ärzten im Innen- und Außendienst, den Medizinstudenten im klinischen Jahr, den Patienten, den Verwandten der Patienten und den offiziellen Besuchern der anderen Abteilungen, die uns Patienten überweisen, daß ich sogar, wenn ich während Miss Taylors Kaffee- und Mittagspause allein im Büro bin, selten mehr schaffe als ein oder zwei hastige Notizen.

Diese Art Catch-as-catch-can ist, gelinde gesagt, nervenaufreibend. Eine Menge der besten Träumer kommen in alten Krankengeschichten vor, Träumer, die nur ein- oder zweimal zur Beobachtung zu uns kommen, bevor man sie woandershin überweist. Um mir diese Träume herauszuschreiben brauche ich Zeit, eine Menge Zeit. Und die Verhältnisse sind keineswegs ideal zur geruhsamen Ausübung meiner Kunst. Gewiß gehört auch Wagemut dazu, unter solchen gefährlichen Umständen zu arbeiten, deshalb sehne ich mich nach der kostbaren Muße des wirklichen Kenners, der eine Stunde lang mit der Nase über dem Cognac-Schwenker schwelgt, bevor er seine Zunge die erste Probe nehmen läßt.

Seit einiger Zeit stelle ich mir immer häufiger vor, welche Erleichterung es wäre, wenn ich eine Aktentasche mit zur Arbeit brächte, groß genug, um eines dieser dicken, blauen, in Leinen gebundenen Bücher voller Träume aufzunehmen. In Miss Taylors Mittagszeit, in der Ruhepause, bevor die Ärzte und Studenten hereinströmen, um sich ihrer Nachmittagspatienten anzunehmen, könnte ich einfach eines der zehn oder fünfzehn Jahre alten Bücher in die Aktentasche stecken und sie unter meinen Tisch stellen, bis es fünf Uhr schlägt. Verdächtige Pakete werden natürlich vom Pförtner der Kliniken inspiziert, und das Krankenhaus hat eine eigene Polizei, um all die verschiedenen Diebstähle, die hier so vorkommen, unter Kontrolle zu bekommen, aber, mein Gott, schließlich habe ich ja nicht vor, mich mit Schreibmaschinen oder Heroin davonzumachen. Ich würde mir das Buch nur über Nacht ausleihen und es am nächsten Morgen als erstes wieder ins Fach stellen, bevor jemand kommt. Dennoch, wenn man mich dabei erwischte, daß ich ein Buch aus dem Krankenhaus hinausschmuggle, würde ich wahrscheinlich meine Stelle verlieren und damit auch das ganze Quellenmaterial.

Diese Vorstellung, ungestört und sorglos über einem der Bücher mit Krankengeschichten in meiner eigenen Wohnung zu brüten, selbst wenn ich dazu nächtelang aufbleiben müßte, fasziniert mich derart, daß mich meine übliche Methode, während Miss Taylors halbstündiger Abwesenheit die paar Minuten abzuzwacken, um Träume nachzuschauen, immer ungeduldiger werden läßt.

Das Problem besteht auch darin, daß ich nie genau weiß, wann Miss Taylor ins Büro zurückkommt. Sie ist so besessen von ihrer Arbeit, daß sie am liebsten ihre halbe Stunde Mittagspause und die zwanzig Minuten Kaffeepause abkürzen würde, wenn sie nicht durch ihr gelähmtes linkes Bein gehandicapt wäre. Wenn ich das typische Geräusch eines nachgezogenen lahmen Beins im Flur höre, bin ich zwar rechtzeitig vor ihrem Kommen gewarnt, um das Buch mit den Traumaufzeichnungen in die Schublade außer Sichtweite zu werfen und so zu tun, als schriebe ich gerade die letzten Floskeln einer telefonischen Nachricht auf oder sonst irgendwas, aber durch die Tatsache, daß die Abteilung für Amputationen von uns aus nur um die Ecke liegt, gegenüber der Nervenklinik, werde ich oft von falschem Alarm aufgeschreckt, weil ich das Humpeln irgendeines Holzbeins mit den Schritten von Miss Taylor verwechsle.

An den schwärzesten Tagen, wenn ich kaum Zeit finde, auch nur einen Traum aus den alten Büchern herauszuquetschen, und meine Abschreiberei nichts anderes gebracht hat als weinerliches Gejammer von College-Studentinnen, die keine Hauptrolle in »Camino Real« bekommen haben – dann spüre ich, wie Johnny Panic sich mir entzieht, starr wie der Everest, ferner als der Orion, und das Motto der großen Bibel der Träume: »Vollkommene Angst treibt alles andere aus«, ist nichts als Asche und Zitronenwasser auf meinen Lippen. Ich bin ein kriecherischer Einsiedler in einem Land prämierter Schweine, die so verfressen sind, daß sie den Schlachthof am Ende des Weges nicht sehen. Ich bin Jeremias, zerfressen von Visionen im Schlaraffenland.

Noch schlimmer ist: tagein, tagaus diese Psychoärzte zu sehen, die mit allen Mitteln Johnny Panics Jünger bekehren wollen durch Reden, Reden und noch mal Reden. Diese Traumsammler mit ihren tiefliegenden Augen und den buschigen Bärten, die vor mir da waren, und ihre jetzigen Erben mit den weißen Kitteln und holzgetäfelten Sprechzimmern samt Ledercouch betrieben und betreiben immer noch das Träumesammeln zu einem weltlichen Zweck: Geld und Gesundheit, Gesundheit und Geld. Um ein wahres Mitglied in Johnny Panics Gemeinde zu sein, muß man den Träumenden vergessen und den Traum behalten: Der Träumende ist nur ein schwaches Werkzeug in der Hand des großen Traumschöpfers. Aber das wollen sie nicht. Johnny Panic ist Gold in den Eingeweiden, und sie versuchen, ihn durch geistiges Magenauspumpen auszumerzen.

Nehmen wir zum Beispiel Harry Bilbo. Mr. Bilbo kam in unser Büro, und die Hand von Johnny Panic lastete schwer wie ein Bleisarg auf seiner Schulter. Er hatte eine interessante Ansicht über den Schmutz in der Welt. Ich reservierte ihm eine tragende Rolle in Johnny Panics Bibel der Träume, und zwar im Dritten Buch der Furcht, Kapitel Neun über Schmutz, Krankheit und Allgemeinen Zerfall. Harrys Freund spielte, als sie klein waren, in der Pfadfinder-Kapelle Trompete, und auch Harry setzte sie manchmal an die Lippen. Jahre später bekam der Freund Krebs und starb. Eines Tages, vor noch gar nicht so langer Zeit, kam ein Krebsarzt in Harrys Haus, setzte sich auf einen Stuhl, verbrachte den Großteil des Vormittags mit Harrys Mutter, und als er ging, schüttelte er ihr die Hand und öffnete selbst die Tür. Plötzlich wollte Harry nicht mehr Trompete blasen, setzte sich nicht mehr auf Stühle und gab niemandem mehr die Hand, auch wenn sämtliche römischen Kardinäle ihn rund um die Uhr gesegnet hätten, aus lauter Angst, Krebs zu bekommen. Seine Mutter mußte ihm den Fernseher an- und ausschalten, die Wasserhähne auf- und zudrehen und ihm die Türen öffnen. Wenig später ging Harry, wegen der Spucke und der Hundescheiße auf der Straße, nicht mehr arbeiten. Erst hat man das Zeug an den Schuhen, und wenn man sie auszieht, an den Händen, und beim Essen ist es gleich im Mund, und keine hundert Ave-Marias können einen vor der Kettenreaktion bewahren.

Schließlich hörte Harry auch mit dem Gewichtheben in der öffentlichen Turnhalle auf, als er so einen Krüppel sah, der mit Hanteln trainierte. Man weiß ja nie, was für Bakterien diese Krüppel hinter den Ohren und unter den Fingernägeln haben. Tag und Nacht lebte Harry Bilbo in heiliger Anbetung von Johnny Panic, so inbrünstig wie nur ein Priester mit Weihrauchgefäßen und Sakramenten. Er hatte eine ganz eigene Schönheit.

Nun ja, und dann schaffte es ein ganzer Haufen dieser weißbemäntelten Kurpfuscher, Harry zu überreden, den Fernseher selbst auszuschalten, die Wasserhähne aufzudrehen und Klotüren, Haustüren und Kneipentüren zu öffnen. Noch bevor sie ganz mit ihm fertig waren, saß er in Kinosesseln und auf Bänken öffentlicher Parks, und jeden Tag trainierte er in der Turnhalle Gewichtheben, trotz der Tatsache, daß wieder ein Krüppel an der Rudermaschine übte. Als die Behandlung zu Ende war, kam er hierher, um dem Chefarzt die Hand zu schütteln. Nach Harry Bilbos eigenen Worten war er »ein anderer Mensch« geworden. Das reine Panic Licht war von seinem Gesicht verschwunden. Er verließ die Station, verdammt zu dem grausigen Los, das die Ärzte Gesundheit und Glück nennen.

Ungefähr seit der Heilung von Harry Bilbo drängt tief aus meinem Inneren eine neue Idee ans Licht. Ich kann sie so wenig ignorieren wie die nackten, aus dem Lumbalpunktionsraum herausragenden Füße. Wenn ich schon nicht riskieren will, eines der Bücher mit den Krankengeschichten aus dem Krankenhaus herauszuschaffen, weil es entdeckt und ich entlassen werden könnte, und ich damit meine Forschung ein für allemal einstellen müßte, könnte ich die Arbeit wirklich sehr beschleunigen, wenn ich über Nacht im Krankenhaus bliebe. Ich habe auch noch nicht annähernd den Bestand der Abteilung gesichtet, und die lumpige Anzahl von Fällen, die ich tagsüber, während der kurzen Abwesenheit Miss Taylors lesen kann, ist nichts im Vergleich mit dem, was ich in ein paar Nächten ausdauernden Abschreibens schaffen könnte. Ich muß meine Arbeit vorantreiben, und sei es nur, um den Ärzten Widerstand zu leisten.

Ohne mir dessen richtig bewußt zu sein, zog ich mir um fünf Uhr den Mantel an, verabschiedete mich von Miss Taylor, die immer ein paar Minuten länger bleibt, um die Tagesstatistik durchzusehen, und schlich um die Ecke auf die Damentoilette. Sie ist leer. Ich schlüpfe ins Patientenklo, schließe die Tür von innen ab und warte. Jetzt könnte höchstens noch eine der Putzfrauen versuchen, die Tür aufzubrechen, weil sie meint, irgendein Patient sei auf dem Klo ohnmächtig geworden. Ich halte mir die Daumen. Etwa zwanzig Minuten später wird die Tür zu den Toiletten geöffnet, und jemand kommt hereingehüpft wie ein Huhn, das sein kaputtes Bein schont. Es ist Miss Taylor, wie ich an dem resignierten Seufzer erkenne, den sie vor dem gelbsüchtigen Auge des Spiegels ausstößt. Ich höre das Geklapper verschiedener Verschönerungs-Utensilien auf dem Waschbecken, Wasserrauschen, den schrillen Ton, als sie den Kamm durch die gekrausten Haare zieht, und dann geht die Tür schwerfällig keuchend hinter ihr zu.

Ich bin glücklich. Als ich um sechs Uhr aus der Damentoilette komme, sind die Lichter im Gang erloschen, und der Flur im vierten Stock ist leer wie eine Kirche am Montag. Ich habe einen eigenen Schlüssel zu unserem Büro, weil ich morgens die erste bin, also kein Problem. Die Schreibmaschinen sind in die Tische versenkt, die Schlösser stecken an den Telefonen, die Welt ist in Ordnung.

Vor dem Fenster vergeht das letzte Winterlicht. Trotzdem hüte ich mich davor, etwa das Deckenlicht einzuschalten. Ich will schließlich nicht von irgendeinem scharfsichtigen Arzt oder Hausmeister aus den Krankenhausgebäuden gegenüber entdeckt werden. Der Schrank mit den Krankengeschichten steht in dem fensterlosen Flur, von dem die kleinen Ordinationszimmer der Ärzte mit Oberlichtern zum Hof abgehen. Ich vergewissere mich, daß die Türen dieser Räume geschlossen sind. Dann knipse ich das Flurlicht an, eine bläßliche 20-Watt-Angelegenheit, die oben schon schwarz geworden ist. Egal, in diesem Augenblick ist sie mir mehr wert als ein ganzer Altar voller Kerzen.

Ich hatte vergessen, ein Sandwich mitzunehmen. Aber in meiner Schublade liegt noch ein Apfel vom Mittagessen, den werde ich aufheben, um gegen alles mögliche gewappnet zu sein, was mich vielleicht um ein Uhr früh überfallen wird. Ich nehme mein Notizbuch heraus. Zu Hause reiße ich abends immer die Seiten raus, die ich tagsüber im Büro beschrieben habe, und lege sie auf einen Haufen, bis sie in mein Manuskript übertragen werden. So verwische ich meine Spuren, damit niemand, dem zufällig im Büro mein Notizbuch in die Hände fällt, die Art oder das Ausmaß meiner Arbeit erraten kann.

Systematisch öffne ich als erstes das älteste Buch ganz unten im Regal. Der einstmals blaue Einband ist jetzt verblichen, und die abgegriffenen Durchschläge sind kaum noch leserlich, aber in mir summt es von Kopf bis Fuß: Dieses Traumbuch war am Tag meiner Geburt begonnen worden. Wenn ich erst mal richtig organisiert bin, werde ich mir für die tiefen Winternächte heiße Suppe in der Thermosflasche und Truthahnpastete und Schokoladenéclairs mitbringen. Dann werde ich mir auch in meiner größten Handtasche Lockenwickler und vier verschiedene Blusen mit zur Arbeit nehmen, und zwar montags früh, damit niemand auf die Idee kommt, daß es mit mir äußerlich bergab geht, und mir vielleicht eine unglückliche Liebesaffäre andichtet oder linke Freunde oder gar vermutet, ich würde im Krankenhaus an vier Nächten pro Woche arbeiten.

Elf Stunden später. Vom Apfel sind nur noch die Kerne übrig, und ich bin im Monat Mai des Jahres 1931 angelangt, wo eine

Privatschwester gerade einen Wäschebeutel im Schrank ihres Patienten geöffnet hat und darin fünf abgetrennte Köpfe erblickte, darunter den ihrer Mutter.

Ein kühler Luftzug streift meinen Nacken. Von meinem Platz vor dem Schrank, wo ich mit übereinandergeschlagenen Beinen auf dem Boden sitze, mit dem schweren Buch auf dem Schoß, bemerke ich aus dem Augenwinkel, daß die Tür des Sprechzimmers neben mir einen Spalt blauen Lichtes durchläßt, nicht nur auf dem Boden, sondern auch seitlich der Tür. Das ist sonderbar, denn ich hatte mich als erstes vergewissert, daß alle Türen fest geschlossen waren. Der Spalt blauen Lichts wird breiter, und meine Augen bleiben an zwei regungslosen Schuhen in der Tür hängen, deren Spitzen auf mich gerichtet sind.

Es sind braune Lederschuhe ausländischer Machart mit dikken Kreppsohlen. Darüber sind schwarze Seidensocken zu sehen, die blasses Fleisch durchscheinen lassen. Ich komme bis zu den graugestreiften Hosenaufschlägen.

»Nanana«, schilt eine unendlich milde Stimme aus den wolkigen Regionen hoch über meinem Kopf. »Was für eine unbequeme Stellung! Ihre Beine sind bestimmt längst eingeschlafen. Lassen Sie mich Ihnen beim Aufstehen helfen. Die Sonne wird bald aufgehen.« Zwei Hände greifen mir von hinten unter die Arme, und ich werde auf die gefühllosen Füße gestellt, wacklig wie ein weicher Pudding spüre ich sie nicht mehr, denn meine Beine sind tatsächlich eingeschlafen. Das Buch mit den Krankengeschichten rutscht aufgeschlagen zu Boden.

»Bleiben Sie einen Augenblick ruhig stehen.« Die Stimme des Chefarztes fächelt mein rechtes Ohrläppchen. »Dann kommt die Blutzirkulation wieder in Gang.«

Das Blut in meinen nicht vorhandenen Beinen fängt an zu

stechen wie eine Million Nähmaschinennadeln, und der Anblick des Chefarztes ätzt sich mir mit Säure ins Gehirn. Ich brauche mich nicht einmal umzusehen: Ein fetter Spitzbauch, eingeknöpft in die nadelgestreifte graue Weste, vorstehende gelbe Nagezähne und Augen von unbestimmbarer Farbe hinter dicken Brillengläsern, lebendig wie Aale.

Ich umklammere mein Notizbuch. Das letzte Stück Treibholz von der *Titanic.*

Was weiß er? Was weiß er?

Alles.

»Ich weiß, wo es eine schöne heiße Hühnerbrühe gibt.«

Seine Stimme knistert, Staub unterm Bett, Mäuse im Stroh. Seine Hand umspannt in väterlicher Liebe meinen linken Oberarm. Die polierte Schuhspitze stupst den Sammelband mit all den Träumen, die sich in meiner Geburtsstadt ereigneten, als ich den ersten Schrei meines Lebens tat, unter den Schrank.

Niemand begegnet uns in dem dämmrigen Flur. Niemand auf den frostigen Steinstufen, die zu den Kellergängen führen und auf denen Billy, der Aktenbote, sich den Schädel einschlug, als er mit einer eiligen Sache nachts mehrere Stufen auf einmal nahm.

Ich fing an, doppelt schnell zu gehen, damit er nicht denkt, er könne mich vor sich hertreiben. »Sie können mich nicht feuern«, sage ich ruhig, »ich kündige.«

Das Lachen des Chefarztes zischt aus den Ziehharmonikafalten seiner tiefsten Eingeweide hervor. »So schnell wollen wir Sie nicht verlieren.« Sein Flüstern schlängelt sich an den weißgetünchten Kellergängen entlang, windet sich als Echo um die Ecken der Rohre, um Rollstühle und Krankenbahren, die über Nacht an den schwitzfleckigen Wänden abgestellt sind. »Wir brauchen Sie mehr, als Sie ahnen.«

Wir gehen um Ecken, schlagen Haken, und meine Beine gehen im Gleichschritt mit seinen, bis wir irgendwo in diesen öden Rattengängen zu einem Aufzug kommen, der die ganze Nacht von einem einarmigen Schwarzen bedient wird. Wir gehen hinein, die Lifttür fällt knirschend ins Schloß wie bei einem Viehwaggon, und wir fahren höher und höher. Es ist ein einfacher, klappriger, wackliger Lastenaufzug, meilenweit entfernt von den feudalen Personenaufzügen, die ich aus unserem Stationsgebäude gewohnt bin.

Wir steigen auf einer unbestimmbaren Etage aus. Der Chefarzt führt mich einen nackten Korridor entlang, der in regelmäßigen Abständen durch Glühbirnen beleuchtet ist, die in kleinen Drahtkäfigen an der Decke befestigt sind. An beiden Seiten des Ganges reihen sich geschlossene Türen mit vergitterten Fenstern. Ich nehme mir vor, am nächsten roten EXIT-Schild auf die Begleitung des Chefarztes zu verzichten, aber auf unserer Reise gibt es keins. Ich bin in einem fremden Land, mein Mantel hängt auf dem Bügel im Büro, Handtasche und Geld liegen in der obersten Schreibtischschublade, das einzige, war mir geblieben ist, ist das Notizbuch in meiner Hand, und nur Johnny Panic hält warm gegen die Eiszeit da draußen.

Vor uns wird es hell und heller. Der Chefarzt schnauft etwas nach dem raschen und langen Fußmarsch, den er offensichtlich nicht gewohnt ist, und schiebt mich um eine Ecke in einen viereckigen, strahlend hell erleuchteten Raum.

»Da ist sie.«

»Die kleine Hexe!«

Miss Milleravage stemmt ihre Massen hinter dem stählernen Tisch gegenüber der Tür hoch.

Wände und Decken des Raums bestehen aus vernieteten Panzerplatten eines Schlachtschiffs. Fenster gibt es keine.

In kleinen Gitterzellen an den Seiten und der Rückwand des Raums erkenne ich in den weißen Nachthemden der Station Johnny Panics Hohe Priester, mit auf dem Rücken zusammengebundenen Armen und Augen, rotglühender als Kohlen, ihre stechenden gierigen Blicke auf mich gerichtet.

Sie begrüßen mich mit einem eigenartigen Quaken und Grunzen, als ob ihre Zungen zwischen den Kiefern eingeklemmt wären. Sie haben zweifellos durch Johnny Panics Andeutungen von meiner Arbeit gehört und möchten wissen, wie sich seine Apostel in der Welt machen.

Ich hebe die Arme, um sie zu beruhigen, halte mein Notizbuch hoch, und meine Stimme ist so laut wie Johnny Panics Orgel mit gezogenem Register.

»Friede! Ich bringe euch...«

Das Buch.

»Aber nicht doch dieses abgedroschene Zeugs, Herzchen.« Miss Milleravage tanzt wie ein Spielzeugelefant hinter ihrem Schreibtisch hervor und auf mich zu.

Der Chefarzt schließt die Tür.

In dem Moment, als Miss Milleravage sich in Bewegung setzt, sehe ich, was ihre Massen hinter dem Tisch verdeckt hatten – eine weiße, hüfthohe Krankenliege, nur mit einem Laken über der Matratze, fleckenlos und stramm wie ein Trommelfell. Am Kopfende der Liege steht ein Tisch mit einem Metallkasten, der mit Skalen und Meßgeräten übersät ist.

Der Metallkasten, häßlich wie eine Mokassinschlange, scheint mich durch das Wirrwarr seiner elektrischen Drähte zu fixieren – das neueste Modell unter den Johnny-Panic-Mördern.

Ich schaffe es, zur Seite auszuweichen. Als Miss Milleravage zupacken will, bleibt ihre fette, geballte Hand leer. Sie versucht es wieder, und ihr Lächeln ist so erdrückend wie Hundstage im August.

»Laß das. Laß das, ich will nur das kleine schwarze Buch.«

Wie schnell auch immer ich um die hohe weiße Liege herumrenne, Miss Milleravage ist mir auf den Fersen, als ob sie Rollschuhe anhätte. Sie greift zu und hat mich. Ich trommle mit den Fäusten auf ihren massigen Körper ein, traktiere ihre kolossalen milchlosen Brüste, bis ihre Hände um meine Handgelenke zu eisernen Ringen werden und ihr Atem mich mit einem Liebesdunst einlullt, fauliger stinkend als der Keller eines Bestattungsinstituts.

»Mein Kindchen, mein kleines Baby, komm zu mir zurück...«

»Sie hat sich schon wieder mit Johnny Panic verabredet«, sagt der Chefarzt traurig und streng.

»Schlimm, schlimm.«

Die weiße Liege steht bereit. Mit schrecklicher Liebenswürdigkeit löst Miss Milleravage mir die Armbanduhr vom Gelenk, zieht mir die Ringe von den Fingern und die Haarspangen aus dem Haar. Sie beginnt mich auszuziehen. Als ich nackt bin, werden mir die Schläfen gesalbt und mein Körper in Laken gehüllt, rein wie der erste Schnee.

Aus den vier Ecken des Raums und aus der Tür hinter mir treten fünf falsche Priester in weißen Operationskitteln und Gesichtsmasken, deren einzige Lebensaufgabe es ist, Johnny Panic von seinem Thron zu stürzen. Sie legen mich ausgestreckt auf die Liege. Die Drahtkrone wird mir auf den Kopf gesetzt und die Hostie des Vergessens auf die Zunge gelegt. Die vermummten Priester gehen auf ihre Plätze und halten mich fest: einer mein linkes Bein, einer mein rechtes, einer meinen rechten Arm, einer meinen linken. Und einer zu meinem Haupt an dem Metallkasten, wohin ich nicht sehen kann.

Aus den engen Nischen entlang der Wand erheben die Jünger protestierend ihre Stimmen. Sie intonieren ihr Lied der Andacht:

Das Einzige, was es zu lieben gilt, ist die Angst.
Die Liebe zur Angst ist der Anfang der Weisheit.
Das Einzige, was es zu lieben gilt, ist die Angst.
Möge Angst und Angst und Angst überall sein.

Miss Milleravage oder der Chefarzt oder die Priester haben keine Zeit, sie mundtot zu machen.

Das Zeichen ist gegeben.

Die Maschine betrügt sie.

In dem Augenblick, als ich glaube, völlig verloren zu sein, erscheint Johnny Panics Gesicht in einem Heiligenschein strahlenden Lichts über mir. Ich zittere wie ein Blatt in den Zähnen der Herrlichkeit. Sein Bart ist der Blitz. Der Blitz ist in seinem Auge. Sein Wort lädt das Universum auf und füllt es mit Licht.

Die Luft knistert von seinen blauzüngigen, blitzgekrönten Engeln.

Seine Liebe ist der Sprung aus dem zwanzigsten Stock, ist der Strick um den Hals, ist das Messer auf dem Weg zum Herzen.

Er vergißt die Seinen nicht.

NACHWEISE

Grundlage der deutschen Übersetzungen in diesem Band ist die zweite Auflage der englischen Ausgabe: Sylvia Plath, »Johnny Panic and the Bible of Dreams and other prose writings. With an Introduction by Ted Hughes«. London: Faber and Faber 1982.

Der Tag, an dem Mr. Prescott starb (The Day Mr. Prescott Died); entstanden 1956; Erstdruck: »Granta«, 20. Oktober 1956.

Das Wunschkästchen (The Wishing Box); entstanden 1956; Erstdruck: »Granta«, 26. Januar 1957.

All die toten Lieben (All the Dead Dears); entstanden 1956/57; Erstdruck: »Gemini«, Sommer 1957 (Dank an Richard Steuble, der diese Geschichte aufgespürt hat).

Steinknabe mit Delphin (Stoneboy with Dolphin); entstanden 1957/58; Erstdruck 1977 in »Johnny Panic and the Bible of Dreams«.

Johnny Panic und die Bibel der Träume (Johnny Panic and the Bible of Dreams); entstanden 1958; Erstdruck: »Atlantic«, September 1968.

Julia Bachstein übersetzte die Erzählungen *Der Tag, an dem Mr. Prescott starb, Das Wunschkästchen, All die toten Lieben, Johnny Panic und die Bibel der Träume.*
Susanne Levin übersetzte die Erzählung *Steinknabe mit Delphin.*

SYLVIA PLATH

1932	geboren am 27. Oktober in Jamaica Plain, Massachusetts. Eltern: Aurelia und Otto Plath
1935	Geburt des Bruders Warren
1937	Die Familie Plath übersiedelt nach Winthrop, Massachusetts
1940	Otto Plath stirbt
1942	Aurelia Plath übersiedelt mit ihren beiden Kindern nach Wellesley, Massachusetts
1950	Sylvia Plath studiert mit einem Begabtenstipendium am Smith College
1952	August: Ihre Erzählung »Sunday at the Mintons« wird in der Zeitschrift »Mademoiselle« veröffentlicht und preisgekrönt
1953	Sommer: Sylvia Plath geht als Gast-Redakteurin zu »Mademoiselle«, New York City
	24. August: Suizid-Versuch in Wellesley, Massachusetts
1954	Winter: Rückkehr an das Smith College, 2. Semester
	Sommer: Besuch der Harvard Summer School
1955	Mai: Hochschulabschluß bei Smith mit Auszeichnungen für ihre Lyrik
	Oktober: Fulbright-Jahr am Newham College, Cambridge University
1956	25. Februar: Sylvia Plath lernt Ted Hughes kennen
	April: Reise durch Deutschland und Italien mit Gordon Lameyer
	16. Juni: Heirat mit Ted Hughes
	Sommer: Flitterwochen in Benidorm, Spanien
1956–57	Zweites Fulbright-Jahr
1957	Juni: Rückkehr nach Amerika mit Ted Hughes; Ferien in Cape Cod, Massachusetts

1957–58	Sylvia Plath lehrt Englisch am Smith College
1958–59	Sylvia Plath arbeitet halbtags am Massachusetts General Hospital, besucht als Gasthörerin das Lyrikseminar von Robert Lowell
1959	Sommer: Ferienreise durch Amerika, wo nach einem Besuch des Yellowstone National Park ihre Erzählung »Der neunundfünfzigste Bär« entsteht Herbst: zweimonatiger Aufenthalt in der Schriftstellerkolonie Yaddo in Saragota Springs, New York Dezember: Sylvia und Ted Hughes verlassen Amerika, um in England zu leben
1960	1. April: Geburt der Tochter Frieda Rebecca in London Oktober: »The Colossus«, ihr erster Lyrikband, wird in London veröffentlicht
1961	Februar: Fehlgeburt August: Umzug nach Devon
1962	17. Januar: Geburt des Sohnes Nicholas Farrar Mai: »The Colossus« erscheint in den USA Oktober: Trennung von Ted Hughes
1963	Januar: »Die Glasglocke« erscheint in England unter dem Pseudonym Victoria Lucas 11. Februar: Freitod in London

SYLVIA PLATH

Drei Frauen / Three Women

Zweisprachige Ausgabe

Aus dem Englischen von

Friederike Roth

148 Seiten. Fadenheftung. Schön gebunden

ISBN 3-627-10024-7

»Sylvia Plaths Gedicht über Mütter und Kinder ist ein Gedicht über das Leben: eine große Variation über die ›Zauberberg‹-Erkenntnis, daß der Mensch um der Güte und der Liebe willen dem Tode keine Macht einräumen sollte über seine Gedanken. Die emotionale Spannweite des Textes ist gewaltig – und schwindelerregend die poetische Sicherheit, die schroffste Gegensätze ebenso meistert wie zarteste Übergänge. Die intime Vertrautheit mit jeder Nuance der hier geschilderten Erfahrungen und Stimmungen wird balanciert durch die intellektuelle Disziplin ihrer literarischen Formulierung. Es sind lauter kleine Wunder.«

Heinrich Detering

Frankfurter Allgemeine Zeitung

SYLVIA PLATH

Das Bett-Buch

Mit farbigen Bildern von Rotraut Susanne Berner

Ins Deutsche gebracht von Eva Demski

Sechsfarbiger Druck

48 Seiten. Fadenheftung. Schön gebunden

ISBN 3-627-10022-0

Meist sind Betten Betten.
Für den Schlaf und für die Ruh'
Die *besten* Betten aber sind
Viel interessanter, hör bloß zu!

Sylvia Plath

»Hier ist der Ton ausgelassen, sind die Ideen witzig, und das lyrische Tempo hat überhaupt nichts Einschläferndes. Die Illustrationen von Rotraut Susanne Berner tun ihr übriges, um dieses Buch zu einer Bett-Lektüre besonderer Art zu machen.«

Manuela Reichart, DIE ZEIT

»Ein Gedichtbilderbuch oder Bildergedichtbuch, das derzeit seinesgleichen sucht.«

Fundevogel, Frankfurt

FRANKFURTER VERLAGSANSTALT

ANNE STEVENSON
Sylvia Plath
Eine Biographie
Aus dem Amerikanischen von Manfred Ohl
und Hans Sartorius
Die Gedichte übertrug Friederike Roth
656 Seiten. Fadenheftung. Schön gebunden
Lesebändchen
ISBN 3-627-10025-5

»Anne Stevenson hat Sylvia Plath' Leben engagiert und angenehm nüchtern nacherzählt. Ihr Buch liest sich wie ein Schmöker.«
Brigitte, Bücherheft

»Endlich liegt eine umfassende Biographie vor. Mit Anne Stevensons Fleißarbeit sind alle Fragen beantwortet.«
Isabel Bayer, Sender Freies Berlin

»Man liest die Biographie von Anne Stevenson mit Spannung und reiner Lust an der Empirie.«
Elke Schmitter, Die Weltwoche

FRANKFURTER VERLAGSANSTALT